Aus Freude am Lesen

Die in diesem Buch erstmals veröffentlichten Briefe und Aufzeichnungen von 1926 bis 2002 spiegeln Marion Dönhoffs außergewöhnlichen Lebensweg: die Komtesse im elterlichen Schloss in Ostpreußen, die Studentin in Frankfurt und Basel, die frühe Weltreisende, die Verwalterin des Familienbesitzes in der Zeit des Krieges. Die Flucht zu Pferde vor der Roten Armee, der Neubeginn im Westen als Journalistin, ihr Wirken als Chefredakteurin und Herausgeberin der *Zeit* und anerkannte politische und moralische Instanz. Es ist eine fesselnde Reise durch ein Jahrhundertleben, erzählt von Marion Dönhoff selbst.

Zusammengestellt wurden die Briefe von zwei ihrer engsten Vertrauten: Irene Brauer und Friedrich Dönhoff.

IRENE BRAUER, geboren 1944, war zwanzig Jahre lang die persönliche Sekretärin Marion Dönhoffs bei der *Zeit*. Sie ist Vorstandsmitglied der Marion Dönhoff Stiftung.

FRIEDRICH DÖNHOFF, geboren 1967, lebt und arbeitet als Autor in Hamburg.

MARION GRÄFIN DÖNHOFF BEI BTB
Um der Ehre willen (72009) · Kindheit in Ostpreußen (72265)
Der Effendi wünscht zu beten (75581)
Was mir wichtig war (73230)

Marion Gräfin Dönhoff

Ein Leben in Briefen

Herausgegeben von Irene Brauer
und Friedrich Dönhoff

btb

Verlagsgruppe Random House FSC-DEU-0100
Das für dieses Buch verwendete
FSC®-zertifizierte Papier *Lux Cream*
liefert Stora Enso, Finnland.

1. Auflage
Genehmigte Taschenbuchausgabe August 2011,
btb Verlag in der Verlagsgruppe Random House GmbH, München
Copyright © 2009 by Hoffmann und Campe Verlag, Hamburg
Umschlaggestaltung: semper smile, München,
nach einem Umschlagentwurf von Katja Maasböl
Umschlagfoto: © Marion Dönhoff Stiftung
Druck und Einband: CPI – Clausen & Bosse, Leck
KR · Herstellung: BB
Printed in Germany
ISBN 978-3-442-74210-3

www.btb-verlag.de

INHALT

Vorwort   *7*

Briefe und Aufzeichnungen 1926 bis 2002   *11*

Zeittafel   *299*

Bildnachweis   *304*

Ihre Handschrift hat sich zeit ihres Lebens kaum verändert: klein, akkurat, sicher geführt, leicht nach rechts geneigt. Ein Bleistift und ein Blatt Papier genügten Marion Gräfin Dönhoff, um ihre Artikel, Bücher und Briefe zu schreiben. Als sie gegen Ende ihres Lebens durch Krankheit bedingt ihre rechte Hand nicht mehr benutzen konnte, übte sie mit der linken.

Marion Dönhoff wurde 1909 auf Schloss Friedrichstein in Ostpreußen geboren. Sie wuchs in einer ländlichen Umgebung auf und begann früh, die Welt zu bereisen. Nach dem Abitur fuhr sie mit der Mutter nach Italien, durchquerte mit Freunden Amerika in einem Zug, per Schiff ging es zum Bruder nach Afrika. In den dreißiger Jahren reiste sie mit ihrer Schwester in einem Cabrio durch die baltischen Staaten, auf den Balkan und bis ans Schwarze Meer.

Als erste Frau in der jahrhundertealten Familiengeschichte begann sie ein Studium – Volkswirtschaft –, das sie mit der Promotion zum Dr. rer. pol. *summa cum laude* abschloss. Anschließend leitete sie, zunächst zusammen mit ihrem ältesten Bruder, den weitverzweigten ostpreußischen Familienbesitz. Als 1939 der Zweite Weltkrieg ausbrach und ihr Bruder eingezogen wurde, trug sie die Verantwortung allein. Im Krieg starben innerhalb kürzester Zeit mehrere engste Familienmitglieder und Freunde. Im Januar 1945 floh sie vor der vorrückenden russischen Armee aus Ostpreußen und verlor ihre Heimat.

Im März 1946 begann Marion Dönhoff im Alter von sechsunddreißig Jahren ihr »zweites Leben«, wie sie es nannte. Sie wurde Mitglied der gerade gegründeten Wochenzeitung *Die Zeit* in Hamburg. Ab den fünfziger Jahren leitete sie das politische Ressort, 1968 wurde sie Chefredakteurin, 1973 Herausgeberin. Ihre Themenschwerpunke waren Außenpolitik, besonders die Ost-West-Beziehungen, Völkerverständigung, Kapitalismuskritik, liberaler Journalismus. Sie wurde zur einflussreichsten Journalistin der Bundesrepublik und diente der *Zeit* sechsundfünfzig Jahre lang bis zu ihrem Tod im März 2002.

Marion Dönhoff war nie verheiratet. Ihre Familie waren ihre Geschwister und deren Kinder und Enkelkinder. »Wenn ich geheiratet hätte, hätte ich mein Leben so nicht führen können«, sagte sie einmal.

Die Öffentlichkeit kannte die Journalistin aus etwa zweitausend Artikeln, die sie in der *Zeit* veröffentlichte, aus ihren fünfundzwanzig Büchern, aus Vorträgen, Beiträgen und Vorworten sowie gelegentlichen Fernsehauftritten. Von der privaten Marion Dönhoff erfuhr der Leser zunächst nur wenig. Erst siebzehn Jahre nach Kriegsende veröffentlichte sie 1962 *Namen, die keiner mehr nennt*, ein Buch über ihre Flucht aus der Heimat Ostpreußen; ein Vierteljahrhundert danach und erst auf Drängen eines Verlegers folgte im Jahr 1988 ein zweites Erinnerungsbuch: *Kindheit in Ostpreußen*. Und fünfzig Jahre nach dem fehlgeschlagenen Attentat auf Hitler am 20. Juli 1944 würdigte sie in einer Sammlung von Porträts diejenigen der Attentäter, mit denen sie befreundet war.

»Schreiben ist mein Leben«, sagte Marion Dönhoff einmal. Die jugendliche Marion begann zunächst, ein Tagebuch zu führen, wenn auch unregelmäßig. Ihre ersten Aufzeichnungen stammen aus dem Jahr 1926. Die Herausgeber haben sie an den Anfang dieser Edition gestellt. Später ersetzten Briefpartner aus ihrem Freundeskreis das Tagebuch, das nun nur noch ihren Reisenotizen diente. Nach dem Krieg machte Marion Dönhoff das Schreiben zu ihrem Beruf. Die Themen ihrer Artikel waren jedoch nicht die Themen ihrer Briefe. Hier spielte Politik nur am Rande eine Rolle. Das änderte sich in der Zeit ihrer Herausgeberschaft, als die Journalistin auch als eine moralische und politische Instanz in Deutschland wahrgenommen wurde. Das Spektrum der zahlreichen Leserzuschriften reichte nun von privaten Problemen bis hin zu argumentativen Auseinandersetzungen über politische Themen. Marion Dönhoff beantwortete jeden Brief.

Ein Wort zu den Herausgebern dieser Edition: Irene Brauer war über einen Zeitraum von fast zwanzig Jahren bis zu Marion Dönhoffs Tod ihre persönliche Sekretärin bei der *Zeit*. Sie arbeiteten täglich acht Stunden in zwei ineinander übergehenden Räumen. Der Autor Friedrich Dönhoff ist der Großneffe Marion Dönhoffs. Mit seiner Großtante verband ihn eine enge Freundschaft. Sie unternahmen gemeinsame Reisen und trafen sich sonntags in Marion Dönhoffs Haus in Blankenese. Beide Herausgeber sind Vorstandsmitglieder der Marion Dönhoff Stiftung für Völkerverständigung und Versöhnung, die Marion Dönhoff 1988 gründete. Die Stiftung ist die testamentarisch verfügte Alleinerbin ihres gesamten journalistischen und schriftstellerischen Nachlasses und hat ihren Sitz nach wie vor bei der *Zeit* in Hamburg.*

In den Katakomben des Hamburger Pressehauses sichteten die Herausgeber das *Zeit*-Archiv: achthundert Aktenordner aus fünf-

---

* Der Nachlass ist für die Öffentlichkeit noch nicht zugänglich. Die Stiftung hat im Jahr 2008 den Historiker Dr. Christian Haase, Dozent an der Universität Nottingham, mit der erstmaligen Erschließung und wissenschaftlichen Aufarbeitung beauftragt. Das Projekt wird Ende 2011 mit der Veröffentlichung eines Findbuchs abgeschlossen sein.

zig Jahren mit ungefähr 120 000 Dokumenten. Und sie forschten im Privatarchiv in Schloss Crottorf, wo in Schränken und Kisten Briefe und Aufzeichnungen aus der Vorkriegszeit aufbewahrt werden. Sie haben aus Marion Dönhoffs Nachlass Briefe und Aufzeichnungen ausgewählt*, die ihnen beispielhaft für ihr Leben erschienen: für ihre Position in Familie und Gesellschaft, ihr politisches und soziales Engagement, ihre moralische und ethische Einstellung, ihre literarische Begabung und ihr journalistisches Wirken.

Die Herausgeber selbst haben keine Briefe von Marion Dönhoff erhalten, nur hin und wieder Postkarten aus aller Welt, meist Sonnenuntergänge, mit der Unterschrift »herzlich grüßend« oder einfach »Marion«.

Irene Brauer, Friedrich Dönhoff, im August 2009

---

* Bei der Abschrift der Briefe und Aufzeichnungen wurden offenkundige Schreib- und Interpunktionsfehler berichtigt. Eigentümliche oder veraltete Schreibweisen wurden belassen. Ergänzungen der Herausgeber sind in eckige Klammern gesetzt, Auslassungen ebenfalls durch eckige Klammern gekennzeichnet.

BRIEFE UND AUFZEICHNUNGEN
1926 BIS 2002

AM 2. DEZEMBER 1909 KOMMT Marion Hedda Huberta Ilse Gräfin Dönhoff als jüngstes von sieben Kindern auf dem elterlichen Schloss Friedrichstein in Ostpreußen zur Welt. Ihr Vater August Dönhoff ist Mitglied des preußischen Herrenhauses und Reichstagsabgeordneter. Er stirbt, als Marion Dönhoff zehn Jahre alt ist. Die Mutter Ria, geb. von Lepel, ist Palastdame der Kaiserin. Marion Dönhoff wächst in der Gemeinschaft eines großen ländlichen Besitzes auf, in der Kutscher, Wagenmeister, Diener, Kinderfrau, Köchin oder Hauslehrer eine ebenso wichtige Rolle spielen wie Eltern und Geschwister.

Ihre privilegierte Stellung als Tochter aus adligem Hause bringt von Kindheit an auch die soziale Verantwortung für das Ganze mit sich. In Friedrichstein beginnt und endet der Tag mit einer Andacht der gräflichen Familie gemeinsam mit den Angestellten. Marion Dönhoff wird, wie in der Familie üblich, zusammen mit Cousins und Cousinen von einer Hauslehrerin unterrichtet. Sie lernt vom Kutscher, ihr geliebtes Pferd selbst zu pflegen, der Wagenmeister bringt ihr bei, wie man einen Motor zerlegt und wieder zusammenbaut. Zu ihren Pflichten gehört, für Kranke und Bedürftige zu sorgen. Wenn hoher Besuch ins Schloss kommt, was im Hause der Grafen Dönhoff häufig der Fall ist, muss auch die Komtesse »comme il faut« auftreten.

Als sie fünfzehn Jahre alt ist, wirft sie ein schweres Unglück aus ihrem alltäglichen Leben: Auf der abendlichen Rückfahrt von einem Ausflug an die Ostsee mit dem ältesten Bruder Heinrich, Cousins und Cousinen, kommt eines der beiden Autos in Königsberg von der Straße ab und stürzt über eine Kaimauer in den Fluss Pregel. Im Auto saßen Marion und die anderen Kinder. Zwei von ihnen ertrinken, Marion Dönhoff befreit sich in zehn Meter Tiefe mit

Die junge Marion Dönhoff

letzter Kraft aus dem Wagen. Sie wird von ihrem Bruder aus dem Wasser gezogen. Um sie von diesem traumatischen Erlebnis abzulenken, beschließt die Mutter, sie auf ein Mädchenpensionat nach Berlin-Wilmersdorf zu schicken – eine unglückliche Zeit für Marion. Auf eigenen Wunsch wechselt sie nach wenigen Monaten auf ein Gymnasium in Königsberg, zwanzig Kilometer von Friedrichstein entfernt. Entgegen der Vorstellung ihrer Mutter möchte sie dort das Abitur machen. In ihr Tagebuch notiert die Sechzehnjährige:

August 1926

Merkwürdig ist, daß Erwachsene Kinder nie verstehen; sie nehmen sie nie ernst, lächeln über alles begütigend und versuchen, ihnen allerhand vorzumachen, d. h. sie glauben auch, daß ihnen das gelingt.

Es liegt eine unglaubliche Tragik darin, daß Eltern das, was ihnen das Liebste ist, ihre Kinder, doch nie oder jedenfalls selten wirklich besitzen. Meist liegt es an ihnen und daran, daß sie immer glauben, sie kennten ihre Kinder, und diese wollen sie nicht vom Gegenteil überzeugen, wollen sie nicht erschüttern und schweigen darum. Oft ist es auch peinlich, es gibt viele Dinge, die ich eher mit einem Freunde besprechen würde als mit einem der mir nächsten Verwandten.

den 3. Sept. 1926

Phantasielose Menschen sind schrecklich, aber gefährlicher sind, glaube ich, solche, die kein Herz haben und nur Phantasie. [...]

10. Sept. 1926

Es ist entsetzlich, daß man sich so von der Gewohnheit und der Konvention gefangennehmen läßt, man stumpft ab. Und man bringt nicht den Mut auf, mal mit der Faust auf den Tisch zu schlagen, wenn einem danach zu Mute ist, es lohnt sich nicht, und es könnte doch auch unbequeme Folgen haben! Darum trabt man lieber mit und denkt sich seinen Teil, aber ich fürchte nur, man kommt mit der Zeit dahin, daß man auch das nicht mehr tut und auch das Denken zu mühsam und unbequem wird und man nur noch durchs Leben troddelt. Am Morgen vor meiner Einsegnung hab ich gedacht, ich würde den Mut haben, einen Strich durch all diese Dinge zu machen, zu sagen, daß ich frei leben und an meinen Gott glauben will, nicht diese Formalitäten unterschreiben, von denen ich doch nichts halte. Aber ich war zu schlapp – und

»Ihr sagtet, unser Gott ist außer Raum und Zeit
und wollt ihn doch in dumpfe Tempel pressen
und seiner Allmacht ewige Unendlichkeit
mit eines dürftigen Verstandes Maß ermessen.
Hat euer Geist, von jedem Wunsch und Zweck befreit,
im Grenzenlosen ganz sich selbst vergessen,
ich sage euch, daß ihr dem Schöpfer näher seid.«

Das Wesentliche ist doch der Glaube an Gott, an die Idee, Religion als solche ist doch nur die Erscheinungsform. Es ist eine unerhörte Beschränkung und Verkleinerung des Göttlichen, es in enge Formen pressen zu wollen, und von einer allein seligmachenden Religion zu sprechen. – Jede Religion ist doch irgendwie wundervoll und wahr, und gerade die Vielfältigkeit ist das Große. Alle Menschen aller Mentalitäten, aller Klimaten und aller Kulturstufen haben diesen Glauben an das übersinnlich Göttliche, und die Variabilität ist eben bedingt durch die Verschiedenheit der naturmäßigen Vorbedingungen. Darum ist die Mission auch etwas so Unverantwortliches – man reißt einen Menschen aus seiner natürlichen Denkweise, seinem angestammten Glauben, ohne ihn durch das Neue auch nur einen Schritt näher zu Gott zu bringen. Jetzt ist er entwurzelt und ein wahrscheinlich unglücklicher Mensch, von tausend Zweifeln geplagt, die es früher für ihn nicht gab.

Die ersten Gänse sind da, die schönste Zeit im Jahr. Auf den Wiesen steht überall das Wasser, nur einzelne Grasstrünke ragen daraus hervor, und die tief aufgewühlten Wege mit den alten Weiden stehen schwarz gegen die silbernen Wasserflächen. Wenn man dann abends draußen ist, pfeift nur ab und an eine Ente vorbei. Irgendwo weit weg kläfft ein Hund, und über den Nachthimmel zieht das regelmäßige Dreieck der Wildgänse mit ihrem eintönigen, seltsamen Schrei, der noch lange in einem nachtönt. Nachts braust dann der Sturm durch die alten Bäume, reißt große Äste ab und treibt die letzten Blätter mit sausendem Wirbel zusammen. Das ist die Zeit, mit der die schönsten Kindererinnerungen verbunden sind. Morgens, wenn es noch dunkel war, wurde der Ofen angeheizt, man hörte das Feuer knistern, an der Decke spielten seltsame Schatten, und draußen auf der Treppe gehen mit schweren Schritten die Holzträger auf und ab. Jetzt werde ich bald 17 Jahre, ich finde das eigentlich ziemlich viel.

November 1926

Die Schule in Königsberg macht mir nicht so sehr viel Spaß. Es geht so gräßlich langsam; ich weiß nicht, ob die Abituridee so glücklich war, 3 Jahre sind doch eine verflucht lange Zeit, und die Zeit ist sehr kostbar. Sie ist wirklich das Einzige, was eben unwiederbringlich ist, wenn es einmal unachtsam verloren wurde. Aber nachdem ich auf so viel Opposition mit dieser Idee stieß, würde ich sie nun auch, selbst wenn es 5 Jahre dauerte, durchführen. Außerdem hab ich meist schlechte Zeugnisse und sollte mich wohl besser nicht über Langsamkeit im Betrieb beklagen.

Schloss Friedrichstein, zwanzig Kilometer östlich von Königsberg, dem heutigen Kaliningrad. Es wurde 1709 bis 1714 erbaut und gehörte zu den drei kunstgeschichtlich bedeutendsten Schlössern Ostpreußens

Blick vom Schloss in den Park

Die Mutter: Ria Gräfin Dönhoff (1869–1940),
geb. von Lepel, Palastdame der letzten deutschen
Kaiserin

*Der Vater: August Graf Dönhoff (1845–1919), Diplomat,
dann Mitglied des preußischen Herrenhauses
und von 1881 bis 1903 auch des Reichstags*

Die Kinder (von links): Marion, Maria, Christoph (Toffy), Dieter, Yvonne, Heinrich (Heini), Christa

Die kleine Marion (1913)

Marion und ihr zehn Jahre älterer Bruder
Heinrich in Friedrichstein

Komtesse Marion, 1924

*In der Rudloff-Akademie Potsdam erlernt
Marion Dönhoff (rechts) die Fechtkunst;
hier bei einer Aufführung 1928*

Einziges Mädchen unter Jungen: Abiturklasse 1928, Potsdam

1927 WECHSELT MARION DÖNHOFF noch einmal die Schule. Sie zieht nach Potsdam in das Haus einer befreundeten Familie und besucht ein Jungengymnasium. Sie lernt Fechten und trifft sich in Berlin häufig mit ihrem geliebten, zehn Jahre älteren Bruder Heinrich. 1929 besteht sie das Abitur. Sie schreibt in ihrem Tagebuch:

März 1929

Das Abitur ist vorbei, und ich blicke mit geteilten Gefühlen auf eine nunmehr abgeschlossene und doch immerhin recht wesentliche Epoche meines Lebens. Es ist sehr merkwürdig, einen so scharf abgezirkelten Zeitabschnitt als völlig unabwendbar der Vergangenheit verfallen vor resp. hinter sich liegen zu sehen. Vielleicht ist es der markanteste und dickste Strich, den man in diesem Dasein zu ziehen hat, aber wie dem auch sei, ich nehme unendlich viel mit herüber über diesen Strich. Diese beiden letzten Jahre waren wirklich von großer Bedeutung für mich; ich glaube, ich habe in gewisser Weise erst jetzt den Menschen an sich kennen und werten gelernt. – Wie engherzig und kleingeistig ist doch unsere vielgepriesene Kaste! Ich habe unter meinen Schulkameraden Menschen gefunden mit einem so unverfälschten Gefühl und einem aufrichtigen Streben nach Wahrheit und Schönheit, mit einer so unglaublich großen menschlichen Bescheidenheit und offenen Warmherzigkeit, wie man sie wohl selten in den sogenannten »ersten Kreisen« findet.

ALS BELOHNUNG für das bestandene Abitur bekommt die Neunzehnjährige von ihrer Mutter eine gemeinsame Reise nach Rom und eine Leica-Kamera geschenkt.

den 4. April 1929

Gleich nach der Ankunft eine kleine Rundfahrt über Maria Maggiore, Colosseum, Nationaldenkmal & Pincio gemacht, um einen Begriff von Rom zu bekommen. Es war sagenhaft schön, und ich liebe diese Stadt bereits mehr als irgendeine andere. Im Stillen habe ich bei mir beschlossen, daß, wenn ich mich jemals irgendwo fest niederlassen muß, dies nur Rom sein kann.

den 5. April 1929

Den ganzen Morgen in St. Peter. Der Platz, die Kolonnaden und der Peter, das alles ist von einer Großzügigkeit, die wirklich unerreicht dasteht. Innen hat er mich ein wenig enttäuscht, ich weiß auch nicht direkt, warum – man muß noch oft hingehen.

Es ist bei mir direkt zur Zwangsvorstellung geworden, einige der wenigen Lampen auszulöschen – ein sowohl kindischer wie gemeiner Gedanke. Aber immerhin entbehrt es nicht des Reizes, und ich sehe eine gewisse Befriedigung in dem Bewußtstein, dieser von Menschenhand geschaffenen »Ewigkeit«, die Generationen und Jahrhunderte überdauert hat, mit einem Atemzug das Ende bereiten zu können. Lupus Lange würde achselzuckend sagen: »der Triumph des kleinen Mannes« oder »die Frau da in der Westentasche«.

den 9. April

Um 6 h waren die Mutter und ich bei den Principessen Boncompagni zum The. Eine Anzahl von Lakaien und ähnliche Ausflüsse eines krankhaften Wohlstandes waren Wasser auf meine Mühlen, und ich nehme an, auch die Ursache zu dem gewissermaßen feindlichen Ausgang unseres abendlichen Gespräches über Kapitalismus und Sozialismus.

den 12. April

Ich bin den ganzen Nachmittag bis zum Abend photographierenderweise herumgelaufen und habe wieder viel Schönes gesehen. Zum Sonnenuntergang war ich auf der Engelsbrücke, der Blick von da über den Tiber, die Peterskuppel und die Engelsburg, das alles ist so unwahrscheinlich schön und phantastisch groß, daß man laut heulen könnte – ich weiß nicht, ob vor Freude über die Schönheit der Welt oder auch Trauer über die Vergänglichkeit und das Bewußtsein, daß man das alles in wenigen Jahren nicht mehr mit denselben Augen sieht wie heute – daß man dann vielleicht auch abgestumpft und eingeschlafen ist.

den 14. April (Sonntag)

Zur Messe in St. Peter. Es war wieder phantastisch – alles an dieser Kirche ist schön, die Musik, die Zeremonie und die ganze Aufmachung. Immer ist es feierlich, und wenn keine besondere Handlung im Gange ist, dann wird irgendeinem Monsignore der Mantel umgehängt oder die Soutane abgenommen – immer irgendeine schöne Gueste, eine wunderbare Bewegung. Ich weiß nicht, warum einen hier unbewußt und ungewollt ein Gefühl geheimnisvoller Weihe und mystischer Heiligkeit überkommt, während man sich in unserer Kirche nie wohlfühlt – alles ist halt langweilig und so maniert, einfach märtyrerhaft und fremd. Man leidet stets an einem unüberwindbaren Schlafbedürfnis und freut sich auf den Moment, wo man wieder freie Luft atmet. [...]

Den ganzen Nachmittag auf dem Forum Romanum, es ist so unsagbar schön dort – jetzt fangen langsam die Glyzinien und die Judasbäume an zu blühen, auch die Rosen haben schon dicke Knospen. Wenn ich allein hier wäre, würde ich in keine Galerie mehr gehen, sondern nur durch die Stadt laufen oder mich auf einen Hügel stellen und stundenlang auf Rom heruntersehen. Das Schönste ist aber doch die Stadt als solche und dann die Leute! Was haben sie für einen Stil in ihrer Naivität und Einfachheit. Bei uns scheint sich jeder zu schämen, das zu sein, was er ist, jeder will für etwas Besseres gehalten werden, das Küchenmädchen, die einfachste Kuhmagd, alle müssen seidene Strümpfe und Stöckelschuhe tragen, und sofort ist ihr eigentlicher Charme fort. Hier ist jeder das, was er ist, mit Stolz und Freude, sei er Kutscher, Kellner, Soldat oder sonst etwas. Es gibt nichts Bezaubernderes, Charmevolleres als diese engen, windigen Straßen, die immer fröhlichen, braungebrannten Leute in ihren bunten Kleidern und die schmutzigen Höfe mit der flatternden Wäsche.

den 16. April

Eben waren wir in einem populären Cinema, es war sehr interessant. Die Italiener sind vollständige Kinder, geben jederzeit durch Pfeifen und Schreien ihre Sympathien und Antipathien kund, und wenn die Pause zu lange dauert, wird so lange geklatscht und getrampelt, bis es notgedrungen weitergeht.

Den ganzen Tag fast 12 Stunden per Auto in der Campagna und im Salinasgebirge gewesen. Berge, wie man sie weder in der Schweiz noch in Bayern findet – nicht zerrissen und zerklüftet, aber ernst, grau und tot. Alles ist wenig in den Konturen und Farben. Man wird ein ganz anderer Mensch hier, es gibt plötzlich etwas Festes, und man treibt nicht mehr ruhelos in einem unabsehbaren Wirrsal umher. Namenlos armselig und trostlos sind die kleinen Dörfer, dicht aneinandergedrängt kleben die trostlos verfallenen grauen Häuschen oben auf der Spitze irgendeines kahlen Berges. Wie die Zellen einer vertrockneten Honigwabe schauen sie von weitem aus.

August 1929

Die Zeit fliegt, aber mein Tagebuch ist stehen geblieben, und die Erinnerungen stagnieren scheinbar. Nicht einmal die Zeit in Rom habe ich konsequent durchgeführt, und was habe ich seither alles erlebt! Rein äußerlich ist zwar nicht viel passiert, und keine be-

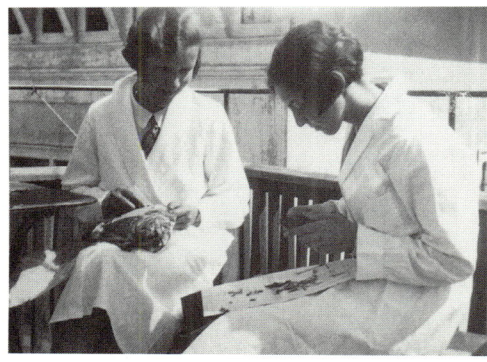

Bedingung für das spätere Studium: Haushaltsschule in der Schweiz

deutenden Kränkungen sind eingetreten. Ich war fast 3 Monate in Samaden in einer Haushaltungsschule.

DER BESUCH der Haushaltsschule im Engadin war Bedingung für die Zustimmung der Mutter, dass Marion – als erste Frau in der Familiengeschichte der Dönhoffs – ein Studium aufnehmen durfte.

Bis zum Studienbeginn ist noch etwas Zeit. Im Herbst reist Marion Dönhoff mit einer Freundin und deren Vater zwei Monate in einem Zug durch die USA. Gleich nach ihrer Rückkehr folgt sie einer Einladung ihres Bruders Christoph, genannt Toffy, der ein Jahr zuvor nach Britisch-Ostafrika (Kenia) gezogen ist. Wenige Tage vor Weihnachten 1930, sie ist gerade einundzwanzig Jahre alt geworden, nimmt sie, begleitet von ihrem Bruder Heinrich – von ihr »Heini« oder »Heinchen« genannt –, einen Zug nach Genua, wo sie das Schiff besteigen will.

den 19. Dezember 1930

Start zur Afrikareise – großes Durcheinander. Ich war eben noch in Wächtersbach zur Jagd und hatte daher weder Zeit für Weihnachtsbesorgungen noch für den Zahnarzt. Erfolg: daß ich am Morgen vor der Abreise zum 1. Mal in meinem Leben Zahnschmerzen habe, außerdem Stiche dort, wo angeblich der Blinddarm sitzt – das kann reizend werden.

Genua, den 20. Dez.

Ein irrsinniger Sturm, man kommt kaum vorwärts in den Straßen – schlechte Auspicien für unsere Fahrt. Genua ist weder besonders interessant noch charmevoll. Meine Erwartungen in Bezug auf amüsante und originelle Typen – von einer Hafenstadt, die nach dem Orient und der ganzen Welt Verbindung hat, kann man das mit Recht erwarten – sind enttäuscht worden. […]

Heini und ich haben noch rasch das Nachtleben von Genua erforscht – unerhört amüsant. Kurze Kleider und der Charleston beginnen jetzt, ein wenig verspätet, modern zu werden.

21. 12.

Fast unmerkbar stößt das Schiff ab, hinter uns liegt die hell erleuchtete Stadt, hoch hinauf in die Berge ziehen sich die letzten Lichter und lassen die Konturen der Schiffe, die hier ruhig vor Anker liegen, sonderbar schwarz und märchenhaft erscheinen. Immer weiter bleibt die Stadt zurück, und das Land, nur einige lichtbesetzte Molen und Landzungen, die weit ins Meer hineinragen, scheinen wie Arme nach uns zu greifen und uns halten zu wollen. Jetzt ist es nur noch ein leuchtendes Band, das sich im Zickzack am Horizont entlangzieht, und nur der helle Streifen des zischenden Kielwassers scheint uns noch mit Europa zu verbinden, aber auch der verliert sich mehr und mehr in der Schwärze der Nacht.

den 30. 12.

Heute ist es phantastisch schön, Sonne, blauer Himmel und ein warmer Sturm, der das Meer aufwühlt und die großen Wogen wie riesige Lawinen heranrollen läßt, bis sie, sich aufschäumend, mit dumpfem Krach gegen das Schiff prallen. Man liegt im bequemen Stuhl, sieht vor sich das weite blaue Meer, das ab und zu grün aufleuchtet in der Sonne, und wie feine Ziselierung blinkt in der Ferne das weiße Zickzack der überkippenden Wellen. Wunderbar sind diese warmen, lauen Nächte, in denen kein fremder Laut ertönt. Nur ein leiser Wind weht, und wir ziehen mit unbeirrbarer Gleichmäßigkeit unter dem klaren Himmel dahin, einem neuen Land entgegen.

Am schönsten ist es ganz vorn zwischen Masten und Tauen, wenn man oben auf der Reling steht, dann sieht man unter sich, wie der Bug eintaucht in das flüssige Gold des Meerleuchtens, daß es aufschäumt und hoch hinaufspritzt. Man merkt hier nichts von dem Schiff, nur das weite Meer sieht man vor sich, den Himmel und das Kreuz des Südens, auf das wir nun schon seit Tagen hinsteuern.

den 5. I. 31

Ankunft in Mombasa um 5 h morgens. Zum ersten Mal richtig Afrika, ein schöner Hafen, Palmen und grüne Ufer. Die Sonne geht orangerot am Horizont auf, und wir steuern langsam auf den Quai zu, an dem ein buntes Durcheinander von Arabern, Ungarn und Indern gestikuliert, und dazu spielt an Deck die Musik. Es ist wie im Kino, schändlicherweise kann ich diesen Gedanken nicht loswerden, wir sind halt doch schon sehr verdorben. Töffchen hatte keine Zeit herunterzukommen und ist nicht da, ich war sehr enttäuscht, aber es ist wahrscheinlich viel vernünftiger so.

den 6. I. 31

Wir haben eine prachtvolle Fahrt nach Nairobi herauf. Start bei Sonnenuntergang, man hat noch einmal den Blick auf den Hafen, eh man in die Palmenwälder gelangt, grünes Land, roter Sand, ferne Berge und eine unerhörte Stimmung über dem Ganzen:

»Jetzt weicht der goldne Ball, und er versinkt in fernsten Meeres grünlichem Kristall«!

Später die Steppe im Vollmond, hohes, trockenes Gras, Dornbüsche und einzelne Akazien, die wie japanische Federzeichnungen gegen den hellen Himmel stehen. Dabei begleiten uns fast ständig die wenigen Konturen ferner Berge. Wir steigen immerfort, von Meereshöhe auf 2000 m. Am nächsten Morgen wachen wir mitten im Game Reserve auf, Hunderte von Tieren sieht man von der Bahn aus: Strauße, Kongonis, Giraffen, die verschiedensten Gazellen und Antilopen.

Nairobi.

Staubig, heiß, trocken und irgendwie trostlos – aber neben und in so einer Natur wirken sinnlose Menschen- und Häuseranhäufungen wie eine Stadt immer grotesk und trostlos. Amüsant sind die Kontraste, die einem auf Schritt und Tritt begegnen. Die erstaunlichsten Wagen, neue chice Packards, Chryslers, Rolls Royce und daneben klapprige Fords mit dicken, etwas verschmutzten Farmersfrauen, die ihr Gemüse oder halb vertrocknete Blumen zum Markt fahren. Lorries, deren Räder von weitem wie abstehende Ohren aussehen und die begleitet von starker Rauchentwicklung nähmaschinenartige Geräusche ausstoßen. Moderne europäische Hotels und kurz dahinter Wellblechbuden.

AM FOLGENDEN TAG geht's vier Stunden mit dem Auto zweihundert Kilometer nach Westen, wo Bruder Christoph ein Camp aufgebaut hat, das er »Kilgoris« nennt. Hier möchte er die nächsten Jahre leben. Seine Schwester notiert:

»Es ist erstaunlich, was alles in einem Jahr entstanden ist: Garten, Wege usw. Das Haus ist wirklich bezaubernd geworden. Nichtsdestotrotz lastet diese transplantierte Atmosphäre irgendwie bedrückend auf mir – ›Analogismen‹ sind immer schrecklich.«

DREI MONATE BLEIBT Marion Dönhoff bei ihrem Bruder. Höhepunkt ihres Aufenthalts ist eine zehntägige Safari, auf der die Geschwister ihrer Jagdleidenschaft nachgehen.

26. 1. 31

Nach langen sorgfältigen Vorbereitungen ist die Lorry fertig mit allem bepackt – Proviant und das Notwendigste für 14 Tage, oben drauf 2 Massai und 6 oder 8 boys, Toffy und ich vorn, zwischen uns 3 Büchsen, eine Feldflasche, Ferngläser und diverse Photosachen. Hinter uns her klingt das Waidmannsgeheul der Schwarzen, untermischt mit Hancocks sachlichen Ratschlägen und guten Wünschen. Unterwegs schieß ich ein Oribi und einen Keiler, an einem Wasserbock leider vorbei. Gegen Abend provisorisches Camp am Migori River. Während die Leute alles zurecht machen, gehen wir noch schnell auf eine Pirsch. Unten am Fluß zum ersten Mal Löwenfährten – eine wunderbare Fährte, wie für alle Ewigkeit in Stein gemeißelt sieht sie zwischen den flüchtigen Spuren der Antilopen und Gazellen aus, man spürt förmlich die Wucht und Mächtigkeit, die sie in den feuchten Sand gepreßt hat.

Überall, wo ein noch so spärliches Wässerchen dieses Land durchzieht, da schießt eine fast tropische Vegetation hervor. Ein undurchdringbares Dickicht von Bäumen, Dornsträuchern und

Schlingpflanzen zieht sich wie ein breites Band zu beiden Seiten des Flusses entlang. Dicke Inseln von Papyrus und hohem Gras bilden an manchen Stellen einen brückenartigen Übergang. Wir haben eine Schar von kreischenden Blauaffen aufgestört, und einige riesige Seeschreiadler flüchten, entsetzt über die ungewohnte Störung. Ich schieße ein Zebra als Köder für den Löwen, da es eigentlich das Einzige ist, was er, ohne es selbst geschlagen zu haben, annimmt. Dann zurück zum Lager, wo uns ein prächtiges Feuer und viel Fleisch erwarten. Die Nacht war unerträglich. Da es regnete, schliefen wir in der Lorry, wenig Platz, tierisch heiß und Moskitos. Ich habe keinen Moment geschlafen.

28. I.

Wir ziehen um und siedeln unter Führung zweier Massaikrieger in ein ganz abgelegenes Tal über. Die Leute sagen uns, daß im Jahre 1928 ein Weißer hier gewesen sei, seither und wahrscheinlich auch vorher niemand, das ist ganz vielversprechend. Man glaubt nicht, was man mit einem Lastauto alles tun kann. Wir fahren absolutely in the blue, durch Flüsse und dichten Busch, auf Berge, über Felsblöcke und durch tiefe Löcher – meist mit 5 km Geschwindigkeit, aber es geht. Wir trafen unterwegs einen Massai, der hier oben sein Vieh weidet und der in Begleitung seiner stattlichen Familie, bestehend aus 9 Ehefrauen mit insgesamt 36 Kindern, herbeieilte, um das Wunder unseres Autos zu bestaunen. Schließlich interessierte sie meine Person aber doch noch mehr als das Auto, und sie haben sich sicher 10 Min. damit beschäftigt herauszufinden, wes Geschlechtes Kind ich sei. Bis dann schließlich nach langem Beraten, viel Geschrei und genauester Untersuchung die Weiber mich mit ungeheurem Gelächter als zu den ihrigen gehörig identifizierten.

Unser Camp ist herrlich, glücklicherweise haben wir keine Zelte mit, es ist herrlich, nur mit einer Unterlage und ein paar Dekken zu schlafen – ein immer klarer Himmel, Vollmond und, sobald die Nacht herauf ist, von allen Seiten die Stimmen jagenden Raubwildes, das Heulen der Hyänen und die Schreie seltsamer Nachtvögel. Es gibt nichts Schöneres, als dann am Feuer zu sitzen, zu träumen, zu sehen, wie die Scheite immer mehr zerfallen, bis schließlich nur noch das Flackern der Glut die hockenden Gestalten der braunen Kerle in sonderbarer Reflexion beleuchtet.

Wieder um 5 heraus, keine Büffel gesehen, weiß der Himmel, wo sie stecken. Fährten sind genug da. Anschließend eine Pirsch auf Elandantilopen, bis wir beschließen, dem Röhren und Trompeten ferner Elefanten nachzugehen und sie anzuschauen. Nach ca. einstündigem Marsch sind wir an einem dichten Mustoni, in dem wir sie brechen hören. Der Lärm, den sie machen, ist allein schon überwältigend. Dicke Bäume brechen sie wie Streichhölzer zusammen. Dazu vollführen sie ein schreckliches Klatschen und Klappen mit den riesigen Ohren, und in ihren Bäuchen kullert es ununterbrochen wie Donnergeroll. Es gehört zu den aufregendsten Dingen, Großwild im Mustoni – ein undurchdringbar dichter Buschwald – anzupirschen, weil man nie weiter als ein paar Schritte sieht.

Langsam schleichen wir vor, der Schwarze wie eine Katze voran, immer wieder stehenbleibend, den Wind prüfend und die Entfernung taxierend. Der Elefant sieht so gut wie nichts, selbst auf ganz kurze Entfernung äugt er schlecht, hat dafür aber ein unerhörtes Windvermögen. Endlich sind wir ganz dicht, und plötzlich sehen wir sie auf vielleicht 30 Schritt, eine große Herde, darunter ein paar winzig Kleine, wie sie langsam vorüberziehen und dann wieder stehenbleiben, um zu äsen oder sich geräuschvoll an Bäumen zu schruppen. Plötzlich deutet der Schwarze nach oben, und wir entdecken in einer anderen Richtung einen riesigen Schädel auf ca. 20 Schritt, der uns mit klappenden Ohren und pendelndem Rüssel interessiert betrachtet – ein prachtvolles, gewaltiges Bild. Immerhin ziehen wir es doch vor, den Rückzug ein wenig schneller als unter normalen Umständen anzutreten.

Der Rückweg ist rasend heiß, und wir sind schließlich um 12 nach alles in allem 7stündiger Pirsch wieder im Lager. Abends lange am Feuer gesessen – wir haben den Schwarzen auf allgem. Bitten Grammophon vorgespielt, einige kannten es noch nicht. Aber statt Ehrfurcht und Ergriffenheit erzeugte Taubers »Dein ist mein ganzes Herz«, in die afrikanische Nacht geschmettert, nur ein haltlos brüllendes Gelächter.

1931, Marion Dönhoff besucht ...

... ihren Bruder Christoph, der in Kenia lebt

Die Einundzwanzigjährige bleibt drei Monate in Afrika

Höhepunkt ihres Aufenthalts ist eine zehntägige Safari,
auf der die Geschwister ihrer Jagdleidenschaft nachgehen

Um 5 heraus auf Büffel, nichts gesehen, dafür aber ein Rhino auf ca. 50 m und 3 Hyänen, die von ihrem nächtlichen Raubzug nach Hause kehrten. Danach eine endlose Pirsch auf Thonantilopen – wohl das edelste afrikanische Wild. In glühender Hitze haben wir sie auf dem Bauch angekrochen, dann wieder eine Stunde hinterhergelaufen, alles in schattenloser, sonnenbebrüteter Ebene. Schließlich haben wir sie auf 150 m vor uns, und ich schieße vorbei! Aber ich war zu müde und ausgepumpt.

Nach fast 8 Stunden Marsch auf nüchternen Magen sind wir schließlich einigermaßen erschlagen zu gewaltigem Fraß im Lager und beschließen, uns heute einen Mittagsschlaf zu gönnen. Abends nichts geschossen, aber wieder Elefanten gesehen, diesmal beim Heraustreten auf die Wiese. Außerdem im Mustoni eine Herde irrsinnig lärmender und quietschender Blauaffen. Sie sind rasend komisch, plötzlich und ohne Anlauf und wie auf Verabredung ergreift jeder sein Kind, und alle werden ganz erbarmungslos enorm verdroschen. Man kann sich den Krach vorstellen, wenn ca. 50 Totos auf einmal schreien und die dazugehörigen Eltern ebenso laut schimpfen. Übrigens erinnert mich dieses System an Heinchen, der mit ernster Miene 10 Min. vor halb behauptete, es sei an der Zeit, mich zu verhauen.

Provisorisches Camp für die Leute, Toffy und ich sitzen mit ein paar Decken in einem Busch, 20 m vor uns das Luder. Wir wachen abwechselnd. Mächtiger Sturm, es ist saukalt. Gegen Mitternacht, wie wir gerade »Wache wechseln«, kommt hastigen Schrittes eine Hyäne – sie haben einen namenlos lächerlichen und watschelnden Gang –, die ich auch glücklich erlege. Unser Wach- resp. Schlafsystem hat sich wenigstens als letzteres großartig bewährt, indem wir beide am nächsten Morgen von tiefem vielstündigen Schlaf erwachen – wer weiß, was für spannende Dinge inzwischen an unserem Luder waren.

2. 2.

Einen Riesengeier geschossen und ein Kongoni, dann eine lange Fahrt durch wildes Gelände. Leider eine Thon 2× gefehlt. Am Abend eine ganz aufregende Pirsch auf Eland, die größte Antilope in Afrika – glücklich erlegt. Wir haben Schleppen gemacht mit dem Kongoni, kommen viel zu spät zu einem ganz provisorischen Camp zurück, richten uns in einem Busch für die Nacht ein, der Kongoni als Luder auf 20 Schritt vor uns. Ich habe die erste Wache und schlafe trotz unbeschreiblicher Müdigkeit nicht ein – man hat absolut ein unbewußtes Gefühl für das, was um einen herum vorgeht, selbst wenn man nichts sieht und hört. Einmal hörte ich zwar ganz weit ein kurzes Knurren, aber dann für Stunden nichts. Plötzlich ein dunkler Schatten, der sich schleichend dem Luder nähert. Ich hebe ganz langsam die Büchse, sehe im Glas sofort, daß es keine Hyäne ist, kann aber nicht genau sagen, was sonst, halte es für eine Löwin, weil die Mähne fehlt. Entsetzlich aufregend – mein Herz klopft so, daß ich kaum den Stecher mit zittrigen Fingern finde. Dann eine Sek. sortierter Ruhe, es knallt, ich repetiere irrsinnig schnell, trete Toffy in die Seite, um ihn endgültig aufzuwecken, und wir hören ein leises Grunzen und Stöhnen, dann vollständige Stille. Es folgt eine entsetzliche Viertelstunde, in der wir immer wieder debattieren, was es sein kann. Das Licht ist zu schlecht, man sieht nichts – Toffy hält fest an der Meinung, daß es doch eine Hyäne sei, aber mehr, um mich vor eventuellen Enttäuschungen zu bewahren.

Schließlich nehmen wir jeder unsere Büchse und eine Taschen-lampe und nähern uns langsam dem Luder. Auf 10 Schritt sehe ich Flecken, und weiß Gott, da liegt ein klotziger Leopard. Es war der comble der ganzen Safari, diese Nacht. Ein Leopard ist viel seltener als der Löwe. Es gibt Leute, die seit Jahren hier sind und noch nie einen Leopard gesehen haben, und dies ist, wie alle sagen, ein besonders starker.

3. 2.

Wir fahren zurück nach Kilgoris, von unserer kostbaren Zeit sind uns noch 4 Tage geblieben, dann geht es zurück nach Lumbi-ra. Wir rechnen und rechnen, sparen jede Stunde Schlaf, aber es wird nicht mehr, und die Zeit, da dieses Leben mit Töffchen im wirklichen Afrika nur noch Erinnerung sein wird – allerdings eine Erinnerung, an der ich lange zehren werde –, ist nicht mehr fern.

IM WINTER DESSELBEN JAHRES 1931 zieht Ma-rion Dönhoff nach Frankfurt, wo sie das Studium der Volkswirt-schaft aufnimmt. Sie wohnt bei den Metzlers, einer befreundeten Bankiersfamilie, im Westend. Die Studentin notiert: »Ich finde, der Beginn eines neuen Semesters ist der gegebene Anlaß, um wieder einmal den Versuch eines Tagebuchs zu unternehmen.«

Gestern Abend bin ich hier in Frankfurt angekommen. Ich hatte das Vergnügen, in einem ganz tierisch bummeligen Zug von Linz herauf während 12 Stunden mit einer 8köpfigen Artistenfamilie zu reisen, die in mindestens 5 verschiedenen Zungen durcheinanderschreiend und schimpfend eher ermüdend und aufreibend wirkte. Sie reisten unter anderem mit einer Unzahl von Zauber- und Musikkästen, die vom kleinsten Gitarrenformat bis zu respektabelster Sarggröße alle diesbezüglichen Dimensionen umfaßten, 18 Hunden – letztere waren gottlob in der Überzahl im Packwagen untergebracht – und einem Papagei, der, genau wie sein Herr und Meister, über den Aufregungen dieser Reise völlig den Kopf verloren hatte und nur noch Bruchstücke seiner Kunst in ungeordnetem Durcheinander zum besten geben konnte.

Sie fraßen dauernd auf denkbar degoutante Art Salami und einen fürchterlich pestenden tschechischen Käse. Was mich umso mehr erbitterte, als ein ins Ungeheure wachsender Hunger mich plagte, dem ich nur mit geringen Abfällen des Speisewagens entgegentreten konnte, denn ich gedachte mein restliches Vermögen in Höhe von 1,75 in einem Taxi anzulegen, um standesgemäß in Frankfurt vorzufahren. Eine Maßnahme, die sich übrigens später als Fehlinvestition erwies, insofern, als Metzlers noch gar nicht da waren und daher niemand diesen Triumphzug würdigen konnte. Einmal machte ich noch den Versuch, das Coupé zu wechseln, geriet dabei aber mit einer alten Dame über Cigaretten-Rauchen und Fensteröffnen in sehr heftigen Streit. Als sie mir dann Frankfurt als Reiseziel angab, befiel mich die Zwangsvorstellung, sie könnte meine neue »Pensionsmutter« sein mit solcher Stärke, daß ich, um allem Weiteren vorzubeugen, doch wieder reumütig zu meinen Artisten zurückkehrte und mich für den Rest der Fahrt in Dostojewski versenkte.

Ich erlebe hier den Herbst noch einmal in seinen letzten schönen Tagen. Warmer Sonnenschein und klar blauer Himmel, nur am Horizont hängt ein grauer Nebelschleier – Dampf und Ausdünstung der Stadt –, ein kleiner Wind fegt in den Straßen die letzten Blätter zusammen. Ich gehe am Main entlang, alles ist so sonntäglich feierlich; nur wenigen Menschen begegnet man – die große Platanenallee streckt ihre kahlen Äste sonderbar gleichförmig zum Himmel, wie Strauchbesen sehen sie aus, nur ihre Schatten auf der breiten Asphaltchaussee sind etwas lebendiger. Unwillkürlich muß ich an Utrillo denken. Es ist so lustig, in einer fremden Stadt spazieren zu gehen, die Litfaßsäulen zu studieren, immer wieder durch neue Straßen und über unbekannte Plätze zu wandern, und irgendwie ist alles so besonders und noch nicht verknüpft mit dem ewig gleichen Alltag und seinen Gewohnheiten. Erst später, wenn man immer den gleichen Weg zur Universität geht, immer auf dieselbe Elektrische wartet, immer zur selben Stunde die Stufen zur »alma mater« heraufsteigt, dann sieht man die Häuser, Plätze und Kirchen nicht mehr, vergißt die Menschen zu betrachten und über sie nachzudenken.

den 30. XII. 1931

Wieder ist ein Jahr vorüber, und wenn ich es überschaue, wenn ich mein Leben sehe, so ergreift mich das Gefühl namenloser Leere, nicht mehr Finsternis und Verzweiflung, nur Leere, nichts als grauenvolle Leere & Müdigkeit. Es war doch anders früher, und wenn ich auch heute vielleicht in normalen Momenten mit jenem wissenden und begütigenden Lächeln – das ich früher an den Erwachsenen so haßte – auf jene verflossenen Tage herabsehe, auf jene »unreifen« Gedanken über Gerechtigkeit, Weltordnung und Wahrheit, mit denen ich nächtelang gekämpft & gerungen habe, so ergreift mich ein früherer Zweifel zugleich. Ist es wirklich das Reiferwerden, das diese Probleme mit einem Lächeln aufzulösen vermag, oder ist es jenes Stumpfwerden, vor dem ich schon immer gezittert habe, ist es das Bequemwerden? Es lohnt nicht, sich mit diesen uralten Menschheitsproblemen herumzuschlagen, die doch niemand lösen wird und die so alt sind wie das Märchen vom Glück & die Sagen der Ewigkeit, die Meilensteine sind am Wege der Menschheit, die jede Generation und jeder Einzelne passieren muß [...]

Ich fürchte, es ist Müdigkeit und nicht Reife, es ist das Senken der Waffen zum Zeichen, daß man des Kampfes müde ist, und nichts mehr von jener seelischen Unabhängigkeit und rastlosen Entschlossenheit durchzuhalten, sich nicht klein kriegen zu lassen, und wenn nicht das – dann tot, aber nicht stumpf, nur das nicht. Mir scheint, ich fange an, Konzessionen an das Leben, an seine soziale Ordnung und die »ehernen Gesetze« zu machen – vielleicht muß man es, vielleicht würde es Stillstand und Stagnation bedeuten und sinnlos, sich den Kopf einzurennen, letztendlich ist die Mauer doch härter – oder sind das nur Gedanken, um mein Verhalten zu beschönigen und meinen Abfall zu entschuldigen? Herr Gott, ich weiß es nicht, ich weiß nur, daß ich müde bin, daß ich anfange, mich dieser Welt zu assimilieren, mich ihrer Ungerechtigkeit zu beugen, daß ich nicht mehr jenes Feuer in mir spüre, das mich verzehrt hätte, wenn ich mich ergeben hätte, jene Begeisterung, mit der ich hätte Berge versetzen können.

Ich glaube, daß diese Jahreswende mehr sein wird und mehr sein muß als nur der Ausdruck einer ökonomischen Terminologie, daß nicht nur ein […] Punkt im Sonnensystem erreicht ist, sondern daß wir am Punkt einer Zeitenwende stehen, einer Geisteswende. Denn was ist Wirtschaftskrise, Geldkrise, Währungskrise, gemessen an der Krise der Menschen? – Die Atmosphäre ist so voller Hochspannungen widerstreitendster Polaritäten und die Menschen so hin- und hergerissen zwischen ihnen, daß es so länger nicht geht. Es muß zu einer Klärung kommen, zu einer Entwirrung & Entkomplizierung, sonst gehen die Menschen in kürzester Zeit zu Grunde. Man kann ja förmlich spüren und bemessen, wie es einen allmählich zerfrißt und zerbröckelt.

Dies sind die letzten Tagebucheintragungen der Studentin.

AB 1933 SETZT Marion Dönhoff ihr Studium in Basel fort, bei dem Ökonomen und Sozialwissenschaftler Edgar Salin, der ihr Doktorvater wird. Die Studentin möchte über Marxismus promovieren. Der Professor aber schlägt ihr vor, stattdessen über »die Entstehung eines östlichen Großgrundbesitzes von der Ordenszeit bis zur Bauernbefreiung« am Beispiel des Familienbesitzes Friedrichstein zu arbeiten. Sie willigt ein. Bevor sie jedoch mit ihrer Arbeit beginnen kann, muss sie das riesige Familienarchiv, das auf dem Dachboden des Schlosses in Schränken, Kisten und Truhen gelagert ist und aus jahrhundertealten Dokumenten besteht, vollständig ordnen. Es wird Monate dauern.

Verehrter Professor,

[...] Nachdem ich zu meinem nicht geringen Entsetzen noch einen großen Schrank und eine überlebensgroße Truhe – leider bis an den Rand gefüllt – entdeckt habe, bin ich nunmehr am Einräumen, Registrieren und Anhängerschreiben. Einige sehr interessante Sachen sind dabei noch zu Tage gekommen und haben natürlich das ihrige dazu getan, den Betrieb aufzuhalten: Ein politisches Tagebuch aus Paris und Versailles während der Jahre 1756 bis 1790, von jemandem geschrieben, der scheinbar dem Hof sehr nahe gestanden hat. Über die Provenience dieser Blätter habe ich leider nichts feststellen können, nur daß sie jedenfalls von einem Franzosen, vielleicht einem Emigranten stammen. Ferner sehr viele Sachen aus der Zeit von 1806/07 und 1813, alles historisch sehr interessante Sachen und für meinen Zweck von geringerer Bedeutung.

Meine Mutter ist abgereist und Heini in Quittainen, so bin ich ganz allein zu Haus und genieße diesen Zustand eigentlich sehr – trotz aller Liebe zur Familie ist es auch ohne sie zuweilen ganz schön –, zumal das Haus und alle Räume in so einer Stille viel mehr zu sagen und zu reden vermögen. [...]

Mit den herzlichsten Grüßen bin ich Ihre

Marion Dönhoff

Verehrter Professor,

zunächst habe ich sehr zu danken für Ihren Brief, und dann muß ich mich vor allem entschuldigen, daß ich Ihnen heute erst schreibe, aber ich wollte warten bis ich ganz fertig sei mit dem Archiv, um Ihnen diese frohe Botschaft mitteilen zu können. D. h. froh in erster Linie für mich – denn ich fürchte, daß Sie mich bereits viel weiter auf dem Wege zur Dissertation wähnten. Es war wirklich eine – fast hätte ich gesagt »Sauarbeit« –, ich habe die letzten Wochen jeden Tag 10 Stunden daran gesessen, aber jetzt ist auch alles wunderbar geordnet, registriert und eingeräumt. Ich habe das angenehme Gefühl, zum 1. Mal in meinem Leben etwas Positives geleistet zu haben.

Im übrigen habe ich einwandfrei festgestellt, daß dieses ganze Unternehmen doch eine absolut notwendige Vorarbeit für die Dissertation war, denn ich habe auf diese Weise nicht nur einen Begriff von dem vorhandenen Material bekommen, sondern bin auch ein wenig in die ganze Atmosphäre jener Zeiten eingedrungen, und das Ganze hat viel an Lebendigkeit und Farbe gewonnen. Und ich habe eine ganze Anzahl wirklich wichtiger Dinge gefunden, die man ohne eine genaue Durchsicht bestimmt überschlagen hätte.

Ich werde nun versuchen, diesen Zeitverlust wieder gut zu machen und meiner Liebe zur Ungebundenheit und Zeitlosigkeit doch zu entsagen, um im April fertig zu sein. Ob es technisch – ceteris paribus – d. h. bei meiner Arbeitsweise – möglich ist, läßt sich einstweilen natürlich noch gar nicht sagen.

[…] Hier geschieht sonst glücklicherweise wenig, wir leben unser friedliches und mehr oder minder einsames Leben weiter, nur ist es inzwischen kalt geworden und dadurch weniger erfreulich. Von weit her braust ein eisiger Ost-Nordost, so als ob er mitten aus dem Herzen von Sibirien käme, man sieht ihm förmlich an, daß er über unendliche Ebenen und Einöden dahergebraust kommt, so scharf und schneidend ist er. Heini läßt Sie sehr grüßen, und ich bitte, meine Grüße Ihrer Frau sagen zu wollen.

Wie immer Ihre

Marion Dönhoff

IM JAHR 1935 promoviert Marion Dönhoff mit *summa cum laude* zum Dr. rer. pol. Sie ist fünfundzwanzig Jahre alt. Nach der Promotion in Basel kehrt sie ins heimatliche Schloss Friedrichstein zurück, wo sie die nächsten Jahre verbringen wird.

Die Doktorandin bei der Arbeit

Nach dem Tod des Vaters 1920 hatte die Mutter Ria einige Jahre den Besitz geführt, stellvertretend für den beim Tod des Vaters erst zwanzigjährigen ältesten Sohn und Erben von Friedrichstein, Heinrich Graf Dönhoff. Der Besitz der Grafen Dönhoff, die seit sechshundert Jahren in Ostpreußen ansässig sind, ist einer der größten und ältesten im Lande. Ria Dönhoff lebt inzwischen auf ihrem Witwensitz im nahegelegenen Barthen. Heinrich führt die Geschäfte in Friedrichstein. Marion Dönhoff arbeitet sich in die Verwaltung ein, um ihren Bruder zu unterstützen und ihn angesichts der politischen Lage in Deutschland, die sich durch das Hitlerregime dramatisch verändert, gegebenenfalls vertreten zu können. Morgens um sechs reiten sie los, um die über viele Kilo-

Zu ihrem ältesten Bruder Heinrich hat Marion Dönhoff eine besonders innige Beziehung

meter verstreuten Güter im Umkreis von Friedrichstein zu beaufsichtigen. Die Büroarbeit verrichten sie in einem Stockwerk über den Pferdeställen. Dort arbeiten neben Marion und Heinrich, die sich einen Raum mit einer Sekretärin teilen, der Rentmeister, der Forstsekretär, der Forstmeister und ein Eleve.

WENN DIE ARBEIT ES ZULÄSST, reist Marion Dönhoff. Mit ihrer neun Jahre älteren Schwester Yvonne fährt sie mehrmals in einem weißen Cabrio durch die baltischen Staaten. Im Jahr 1937 reisen die beiden Frauen im selben Wagen von Ostpreußen zum Balkan. Aus Tirana, Albanien, schreibt Marion Dönhoff an ihre Mutter.

Tirana, 28. 4. 37

Geliebtes Mutterling,

wir sind vor dem neuerlich hereinbrechenden Regen geflüchtet und für ein paar Tage in Tirana bei Pannwitzens (der hier Gesandter ist) gelandet. Er ist rührend zu uns, fährt mit uns herum und hat uns eine Einladung zu dem »Hofball«, der morgen zu Ehren von Ciano stattfindet, besorgt – wundervolle riesige und völlig unleserliche Einladungskarten. Hoffentlich wird der König auch erscheinen, was noch nicht so ganz feststeht, jedenfalls wird es rasend unterhaltend und sicher sehr komisch sein. Das Land ist wunderschön, völlig anders wie man es sich vorstellt; große, weite, recht fruchtbare Täler, die z. T. etwas an die Schweiz erinnern; riesige Schafherden und unendlich viele Eseltreiber scheinen die mehr oder weniger einzigen Bewohner dieses Landes zu sein. Du mußt Dir außerdem vorstellen, daß die ganze Bevölkerung mohammedanisch ist und alles in den alten Trachten mit weißem

*Marion und Schwester Yvonne unternehmen zahlreiche Reisen
in ihrem Röhr-Cabrio quer durch Europa*

oder rotem Fez geht. Es fügt sich besonders glücklich, daß gerade
der Besuch von Ciano in unseren Aufenthalt fällt – er ist nämlich
der erste ausländische Minister, der hier Besuch macht, und daher steht das ganze Land Kopf. Die Stadt ist prächtig aufgetakelt,
alle Leute sehr erregt, und die Bauern kommen in wunderbarsten
Trachten aus den entlegensten Tälern zusammengeströmt, um diesen großen Moment zu erleben. Doch hat das Ganze einen sehr
ländlichen Anstrich und erinnert so etwas an Kriegervereinsfest in
Goldap (nur daß Tirana nicht ganz so groß ist). Eine Schafherde,
die wie üblich in die Stadt hereingelaufen kam, hat man nur mit
Mühe daran gehindert, sich dem königlichen Zug anzuschließen.
Im übrigen ist es herrlich, wieder einmal zu baden, in richtigen
schönen Betten zu schlafen und so; wir wollen am 1. Mai wieder

fort und dann allmählich nach Belgrad herauf, wo wir am 4. sein wollen. Der Röhr ist bisher sehr brav gelaufen, kurz vor Tirana beim 3000. Kilometer, den wir seit Ostpr. hinter uns brachten, hatten wir die erste Panne, aber nur ein Pneu, das hier wieder geflickt wird.

Du ahnst nicht, Mutterling, wie wir diese Reise genießen, es ist zu herrlich und alles prachtvoll. Das Land unbeschreiblich schön, alle Leute reizend und wir restlos glücklich, trotzdem es mit dem Wetter öfters hapert. Und wir an sich mehr Zeit haben sollten, weil man immer unter Druck lebt, auch ungefähr die Daten einhalten zu wollen, um am 13. in Berlin zu sein. Aber schließlich würde man auch 4 weitere Wochen als zu kurz empfinden, um alles wirklich in sich aufzunehmen.

Ich schreib Dir bald wieder, mein Mutt, und muß Dir rasend viel erzählen, wenn ich heimkomme. Einstweilen laß Dich umarmen & sei innigst gegrüßt

Marion

ZWEI JAHRE SPÄTER, 1939, starten die beiden Schwestern trotz der angespannten politischen Lage in Deutschland noch einmal zu einer Reise ins Ausland – wieder mit dem Röhr, der von den Schwestern inzwischen »Öpi« genannt wird: über Österreich, Ungarn und Rumänien geht es bis ans Schwarze Meer. Mehrere Wochen soll die Reise dauern. Marion Dönhoff nimmt sich vor, für ihren Bruder Heinrich ein Reisetagebuch zu führen, was sie auch zeitweise tut. Am 14. Mai 1939 brechen die beiden Frauen in Friedrichstein auf, zunächst in Richtung Berlin. Doch schon am ersten Tag gibt es Probleme.

Von den zwei Pannen wollen wir gar nicht reden, der Zustand der Reifen ist überhaupt miserabel und steht im umgekehrten Verhältnis zu unserem Ehrgeiz, vor Bukarest keine neuen anzuschaffen. Aber bald nach Elbing verlangsamte Öpi seinen Lauf aus Benzinmangel, und da es dunkel wurde, konnten wir den Tank nicht mehr auf freier Straße ausbauen, fanden auch keine Werkstatt und mußten schließlich S.O.S.-Rufe an Bübchen senden, der uns bis Rote Buden entgegenkam und zu mitternächtlicher Stunde in Danzig einschleppte. Der ganze nächste Vormittag ging mit Reparaturen hin. Um 2 erst kamen wir weiter. Ein Besuch bei Keyserlingks hielt uns weitere zwei Stunden auf, aber Öpi lief wie ein Wiesel und brachte uns bis 9 Uhr nach Gollnow, was er sich als Tagesziel gesetzt hatte. Unvermittelt brach er ab. Bis nachts behandelten wir ihn erfolglos in einer Werkstatt und gingen schließlich geschlagen in den nächsten Gasthof. Erst nach 3 Stunden Arbeit am nächsten Tag brachten wir ihn in Gang, sein Kondensator war defekt. Am frühen Nachmittag waren wir endlich in Berlin.

Montag, den 15.

Bei Meister Albrecht einen neuen Benzinhahn eingebaut, der restliche Vormittag geht mit Konsulat, DDAC [Deutscher Damen Automobilclub] und der rumänischen Gesandtschaft drauf. Mit frisch gestopftem Pneu brechen wir endlich um 5 Uhr auf und gelangen bis Dresden, Sagau, Sonnenfels, Kiefernwälder, Birken dann und wann, gelbe Rübsamfelder und blauer Himmel.

Prächtiges Wetter, zum ersten Frühstück sind wir in Teplitz – die Terrasse des Schloßkaffees soll unseren Gedanken als Sprungbrett in vergangene Zeiten dienen und die Erinnerung an den Großvater, Tante Amalie, Goethe und ähnliche Prominente würdig untermalen. Ein kurzes Vergnügen, wie sich bald herausstellt, der Kellner verlangt für die uns gebotenen Genüsse 8,50 RM. Raison de plus das Mittag zu sparen, das wir gewöhnlich mit einer heimischen Wurst bestreiten.

Bis Karlsbad ging alles gut, nach 20 km fängt Öpi in der altbekannten Weise zu stottern an, wir fahren 1 km, halten dann 3 Min. und fahren wieder 800–1200 m – je nach Steigung. Endlich Marienbad und eine höchst umfängliche Werkstatt – Garage International –, in der 2 vergnügte Knaben ihre Späße treiben und 3 Std. brauchen, um nach unserer Anleitung Öpi den notwendigen Benzinstrom wieder zuzuleiten.

Um 4 Uhr geht er wieder. Im Westen begleitet uns die dunkle Kälte des Böhmerwald-Gebirges, das sich wunderbar von einem Kaspar-David-Friedrich-Himmel abhebt. Mit hereinbrechender Nacht landen wir vor einem einsamen Hotel, das sich mit dem vielversprechenden Namen »Babylon« anpreist und uns die höchst verdiente Nachtruhe gewährt. Ein weitverzweigtes Schnitzel, groß wie ein Rennsattel, entschädigt uns für die Mühsalen des Tages.

18. Mai

Die Erfahrung lehrt uns, daß unsere Reisegeschwindigkeit vom technischen Fortschritt der letzten 20 Jahre unberührt geblieben ist; ob R. A. Bahn [Reichsautobahn] oder Landweg bleibt sich darum völlig gleich, und wir beschließen, den zauberhaften stillen Bergpfaden des Böhmerwaldes weiter zu folgen. Unendlich schlecht für den Wagen, langsam geht es im 2. Gang bergauf und ebenso langsam bergab durch immer wieder neue Täler mit blühenden Kirschbäumen und schönen alten Holzhäusern, durch herrliche Fichtenbestände und über kahle Hochebenen quer zu den Ursprüngen der Moldau, die riesige Mengen Holz in eiligem Lauf zu Tale befördert. Diverse Male kreuzen wir die Protektoratsgrenze, manchmal läßt man uns passieren, einmal müssen wir einen vielstündigen Umweg nach Westen unternehmen. Es ist eine Reise »auf gut Glück«, denn keine Karte verzeichnet diese holprigen Pfade, und nur die wenigsten Dörfer lassen sich identifizieren. Gegen Abend wollen wir nach Krumau herein, ein winziges schwarzenbergsches Schloß, das oberhalb der sehr reizvollen alten Stadt liegt. Im Stadttor stecken noch die Kugeln der tschechischen Maschinengewehre, die im September 38 tagelang die Stadt beschossen.

Wir durchwandern die Höfe und Wehrgänge des Schlosses und gelangen in einen stark verwilderten Park, in dem ein heftig stinkender alter Gärtner im Verein mit drei Weibern vergeblich gegen das üppig wuchernde Unkraut ankämpft. Er erzählt aus alten Zeiten und fesselt uns überaus lange. Endlich, die Sonne ist längst untergegangen, reißen wir uns los. Drei km hinter Krumau (wir wollen noch bis Linz) die altbekannten Geräusche, Öpi ruckt und steht, fährt 800 m und steht dann wieder. Die übliche Reihenfolge: Wachbleiben, am nächsten Morgen eine Werkstatt suchen (es ist ausgerechnet Himmelfahrtstag) und alles ausbauen.

Nach dreistündiger Reparatur läuft er wieder und führt uns safely die Straße nach Linz herunter – vorbei an herrlichen Schlössern.

Wirklich große Herren sind diese böhmischen Magnaten gewesen. In Linz angekommen finden wir es unverzeihlich, nicht im Alkoven heranzufahren – nur für ½ Std. Bea war leider nicht da, aber auch Karl L. gelang es unschwer, uns zum Nachtbleiben zu überreden. Er führte uns bei Sonnenuntergang auf seinem Besitz herum. Durch die Buschwäldchen der Aue bis zum Ufer der Donau. Es war unvergleichlich schön, dieser breite Strom, noch braun von den Schmelzwassern des Frühjahrs zwischen seinen graugrünen Weidenrändern. Eigenartig, dies Länder scheidende Wasser hier in der Intimität einer Besitzgrenze zu empfinden. Am Abend halten wir lange Gespräche und fuhren sehr früh am anderen Morgen nach Wien durch die Wachau. Mit Posecks verbrachten wir dort den Abend und die restliche Zeit wie üblich in einer Reparaturwerkstatt. […]

Zum Lunch kam netterweise der Pali mit seiner überaus charmanten Frau. Von ihren Wünschen geleitet, starteten wir um 5 Uhr nach Budapest. Kurz vor Preßburg fängt Öpi wieder unvermittelt sein Husten an. Kurz entschlossen krempeln wir die Ärmel auf und bauen den Tank aus. Erfolglos. Ein freundlicher junger Mann schleppt uns mit 100 km Tempo nach Pulj ab. Uns stehen die Haare zu Berge. Gottlob reißt bald die Kette. Alle Werkstätten sind schon zu, endlich repariert uns ein reizender Ungar, wie sich später herausstellt, endgültig. Leider können wir ihn nicht bezahlen, und Pali kriegt die Rechnung. In Budapest sind wir erst unter Blitz und Donner um 3 Uhr früh.

HIER REISST DER BERICHT AB und wird zwei Wochen später fortgesetzt. Inzwischen haben die beiden Schwestern Ungarn verlassen und reisen über Bulgarien nach Bukarest.

1. Juni

Schon die Nacht war von drohenden Träumen bewegt, und der Tag begann grau und regenschwer. Wir ließen uns um 6 wecken, obgleich Erfahrung uns lehrt, daß wir doch nicht vor ½ acht fortkommen. Diesmal ging alles gut, um 7 Uhr ratterten wir auf der Straße nach Balcic. Nur gut – bald stellt sich heraus, daß es der falsche Weg war, und wir brauchten eine volle Stunde, um in die Stadt zurück und aus ihr den richtigen Ausgang zu finden. Dem Eingebornen hier ist rechts wie links ein labiler Begriff, anderseits verwechseln sie es auch wieder nicht so generell, daß man links fahren könnte, wenn sie rechts sagen. Schließlich fanden wir sie dann, die einzige Betonstraße, der Stolz des Landes. Aber schon nach 30 km ereilt uns das Schicksal, u. unser bester Pneu platzt. Wir setzen ein Reserve-Rad auf, und nach 10 km ging auch ihm die Luft aus. Nun kam als letzter Strohhalm ein Reifen, den der Mechaniker in Berlin schon gar nicht mehr hatte flicken wollen, und dabei sind bis Constanta 120 Kilom. Aber hier sind die Reifen sinnlos teuer, u. weil alles gut ging bisher, hofften wir, wieder bis Ungarn zurückzukommen. Das Schicksal war uns gnädig, wir fanden einen hilfreichen Mann, der uns flickte, in diesem Landstrich eine wahre Seltenheit.

Die Landschaft der Dobrudja bleibt immer die Gleiche: runde Hügel, von tiefen Becken getrennt, ohne Wald, aber anfangs übersät mit einzelnen Bäumen, die in der Ferne wie eine weitverstreute Herde über das Land ziehen; aber jedes Dorf hat seinen eigenen Baustil und Charakter. Mal sind es Bulgaren, die unter flachen Ziegeldächern weiße Häuser mit luftigen Vorbauten haben, dann wieder Türken oder Tataren, die nur aus Lehm ihre Bauten ausführen u. sie mit Gras decken, oder Mazedonier, die in einem großen Dorf zusammenleben. Die Landsch. wird immer afrikanischer. Bäume haben ganz aufgehört, u. zwischen den gut stehenden Feldern liegen immer öfter Steppen und sumpfige Partien. Immer ärmlicher werden Häuser und Leute u. jämmerlicher das Vieh. Die Pferde zerschundene zwerghafte Geschöpfe u. gar die Hunde, widerliche Gerippe, feige u. ohne Lebensmut. Dafür gedeihen, vom Menschen unabhängig, die schönsten Vögel hier. Blauracke, zahlreich wie Spatzen und Hausstare. Beinahe überfahren wir eine dicke Schildkröte.

2. Juni, Balcic

Das Ziel der Reise ist erreicht. Eigentlich nur der Wendepunkt, d. h. eigentlich hat unsere Reise ja kein spezielles »Ziel«, aber irgendwie hat mir das Schwarze Meer immer als Höhepunkt vorgeschwebt, und diese Erwartung ist nicht betrogen worden. Im Licht des eben voll gerundeten Mondes breitete es sich nächtens vor uns aus, als die tiefe Schlucht, die uns von der Hochebene herabführt, sich zu einer breiten Bucht weitet. Oben hängen noch die Nebelschleier, als plötzlich das Meer vor uns glänzt.

Hier liegen wir in einer blühenden Wiese, die mit rotem Mohn und wildem Rittersporn geschmückt ist, unten rauscht leise das Meer, und darüber wölbt sich ein weiter Himmel. Kein Mensch ist weit und breit zu sehen. Im Süden türmen sich die ersten bulgarischen Berge, und im Norden besäumen die weißen Kalkfelsen der Dobrudscha die Küste. Wie geheimnisvoll ist dieses Meer, das Orient und Occident verbindet und zugleich trennt, und wie reich an Geschichte und Vergangenheit.

4. Juni

Schwer wird uns der Abschied von Balcic, aber völlig untröstlich wären wir, hätten wir gewußt, was uns bevorstand. Kaum war das Plateau erreicht, an dessen Steilabfall die Stadt liegt, so erfaßte uns ein Sandsturm, der einem den Atem nahm. Dazu kam Öpis Angewohnheit, besonders viel Staub durch seine Bodenbretter emporzuwirbeln. In Sekunden waren wir mit einer Kruste bedeckt, die Luftwege verstopften sich, u. die Augen verklebten. Das ging so durch mehrere Stunden bis Lezkoleato; geschotterte Straßen gibt es nicht, u. geregnet hatte es vor Wochen; als später eine kam,

war sie so löchrig, daß sie nicht einmal von Eingeb. als solche benutzt wurde, sondern alles auf der staubigen Trift nebenherfuhr.
In Aritenita kauften wir sehr schweren Herzens einen Reifen. Er paßt nicht ganz und ist sinnlos teuer, aber der Schreck neulich, 100 km von jeder Hilfsquelle, liegt uns noch in den Gliedern. Jetzt wenden wir uns vom Meer fort und Tulcea zu. Unser Reiseführer verzeichnet rechts und links der Straße antike Ruinen aller Art, aber für den Moment hassen wir dies Land und strafen sie mit Nichtachtung. Über die Straßen könnte man ein ganzes Beschwerdewerk schreiben u. käme nicht zu Ende, allmählich trösten uns aber Bäume und Wiesen, und wir vergessen die trostlose Steppe. Um 8 ist Tulcea erreicht.

5. Juni

Wie gut, daß unsere langwierigen Erwägungen, ob wir in Bukarest zum Friseur gehen sollten oder nicht, negativ ausfielen. Es wäre eine 100%ige Fehlinvestition gewesen. Den ganzen Nachmittag fuhren wir wieder in Staubwolken gehüllt auf schmalen, sandigen Landwegen: Galati – Tecuci 86 km in 3 ¼ Std. Sand in den Augen, Sand in der Nase, überall Sand. Als wir schließlich im strömenden Regen in Bacau einfuhren, sind wir nur noch mit Hafenarbeitern oder Kohlentrimmern zu vergleichen.

6. Juni

Sonne weckt uns, verschwindet aber wieder, u. es bleibt den ganzen Tag so kalt, daß wir selbst im Pelz frieren. Eine Serpentinenstraße durch herrlichen Eichenwald mit unendlichen Ausblicken über das Tal und auf immer neue blaue Berge. Wir malen uns aus, wie diese parkartige Straße an einem Haus enden sollte, wo

Freunde uns empfangen mit warmen Bädern und einem gedeckten Tisch. Oben angelangt, gab es dann nicht einmal das versprochene Kloster, sondern nur ein modernes Lungensanatorium. Am Nachmittag ist das Nonnenkloster Agapia auch keine vollwertige Entschädigung. Die fr.[ommen] Frauen unterweisen hier 700 Waisenmädchen in der Herstellung von Teppichen und Stickereien. Die Muster sind zwar jahrhundertealt, aber die Farben leider von der I. G.

Eilenden Laufes geht's dann zu unserem Tagesziel Falkenstein. Wir erreichen es erst bei Dunkelheit und bleiben auf der Hauptstraße stecken. Löcher, Steine, es geht nicht vor und nicht zurück. Hilfreiche Bürger schieben uns heraus, aber leider … ist das Hotel besetzt, es sieht finster aus. Also wieder 25 km … wo wir saubere Betten finden. Seit wir in Tulcea massenhaft Flöhe bekamen, sind wir etwas heikel geworden mit den Tierchen.

»Öpi«, das alte Cabrio, ist wieder einmal auf der Strecke geblieben

Blau und völlig wolkenlos ist der Himmel – der Tag verspricht herrlich zu werden, früh wollen wir die schönsten Küsten der Bukowina sehen. Herrlich ist dieser mittelhohe Berg bis hinauf zur Spitze mit Eichen und Buchen bewachsen – kein eigentlicher Bergwald, wie wir ihn von den Alpen kennen, sondern gewaltiger ... Riesige Stämme schleppen die kl. Bauernwagen, die ein einziges unbegreiflich kleines Pferd bergauf und -ab zieht, zu Tal, wo sie von gr. Sägewerken aufgeschnitten werden. Unser Nachtquartier erweist sich auch im Sonnenlicht noch als leidlich sauber – offenbar sind wir tatsächlich die ersten, denen diese Bettwäsche zu Gute kommt –, eine immerhin beachtliche Tatsache in diesem Land. Wie alle Morgen beginnen wir den Tag um 7 Uhr, um wiederum wie alle Tage nicht vor ½ 11 zu starten.

Es gibt eine nicht unwesentliche armenische Kolonie hier, aber wie ein freundlicher alter Wirt, der die Schlüssel führt, uns erzählt, geht die Kolonie als Volk ständig zurück, weil die Armenier sich bedenkenlos mit den anderen Landesbewohnern vermischen.

Die orthodoxen Kirchen haben im Prinzip alle die gleichen Grundrisse: ein schmales Rechteck mit einem Turm vorn, genau wie unsere Landkirchen, und zwei weiteren Türmen, die quer zum Rechteck aus der Mitte herausragen. Es ist ein großer Moment, wenn man zum 1. Mal in eine solche Kirche eintritt, und geheimnisvolles Dunkel umfängt einen usw.

Restaurierungen kennt man offenbar gar nicht – hier ist die Kirche noch im Mittelpunkt des Lebens, allenthalben werden immer wieder neue Kirchen gebaut, und in den ärmsten Bergdörfern sieht man aus der Mitte armseliger Holzkaten eine prächtige Steinkirche ragen. Hier baut man nicht Straßen und Sportplätze zum Nutzen der Landesbewohner, sondern Kirchen zur Anbetung Gottes. Dafür betrachtet man all die Herrlichkeiten dieser Kirchen – Ikonen, gotisches Gestühl, herrliche Miniaturen und Altäre – auch nicht vom ästhetischen Gesichtspunkt, sondern vom »wesentlichen«. Zum Lob des Schöpfers für sie geschaffen. Traurig zu sehen, wenn die groben Fäuste eines Bauern od. Prälaten ein kostbares Triptychon wie eine Futterkiste zuklappen, aber die Form lebt hier so lange wie der Inhalt. Hier konkurrieren nur noch die Formen. So wie dank der modernen Medizin die körperl. Hüllen oft noch lang erhalten sind, wenn auch der Geist längst schlafen ging.

Ende Juni 1939 kehren die beiden Schwestern von ihrer Reise ans Schwarze Meer zurück.

Seite 72: Stimmungsbild aus Ostpreußen, Foto: Marion Dönhoff

DIE POLITISCHE LAGE in Deutschland wird immer bedrohlicher. Bereits Anfang 1932, noch in Frankfurt, hatte die Studentin Marion Dönhoff, die in ihrem Tagebuch von der »Krise des Menschen« gesprochen hatte, nahendes Unheil geahnt: »Man kann ja förmlich spüren und bemessen, wie es einen allmählich zerfrißt und zerbröckelt.« Am 1. September 1939 bricht der Zweite Weltkrieg aus. Ihr Bruder Heinrich wird eingezogen. Marion Dönhoff muss den Familienbesitz nunmehr allein leiten. In dieser Zeit erhält sie einen Fragebogen der Deutschen Adelsgenossenschaft, der sie empört.

Im Dezember 1939

An die Deutsche Adels-Genossenschaft
z. Hd. des Herrn Adelsmarschalls
Berlin
Kaiserallee 200

Im Oktober 1939 haben Sie »an die Familien des Deutschen Adels« einen Fragebogen zur Bearbeitung gesandt, der anscheinend den Zweck verfolgt, die moralische Berechtigung des deutschen Adels statistisch zu beweisen.
Ich nehme an, daß viele Familien im Bewußtsein der geschichtlichen Tradition des deutschen Adels, seiner großen Vergangenheit und seiner verantwortungsvollen Zukunft darauf verzichten werden, sich derartigen Bemühungen anzuschließen.
[…] Der Fragebogen geht offenbar von dem Gesichtspunkt aus, daß es erstens möglich und zweitens notwendig sei, gegen das

Vorurteil, das heute allenthalben dem Adel entgegengebracht wird, aufzutreten.

[...] Für die Qualität des Adels ist stets die geistige Haltung, das Sein im höheren Sinne und nicht so sehr Leistung und Erfolg entscheidend gewesen. Ein Edelmann handelt nicht so oder so, um sich als Edelmann zu legitimieren, sondern er handelt so und nicht anders, weil er ein Edelmann ist. Und eben darum mag er sich auch nicht der Beweisführung bedienen, daß er moralisch wertvoll und existenzberechtigt sei, weil er sein Leben in die Schanze schlägt – so wie das Gesetz es befahl.

Dem Fragebogen war ferner der Vorschlag eines »höheren aktiven Offiziers« beigefügt, welcher anregt: die Anzeigen unserer Gefallenen auch in den in weitesten Kreisen gelesenen Tageszeitungen zu veröffentlichen, um der vielfach vertretenen Auffassung entgegenzutreten, daß nur Männer aus den sogenannten einfacheren Schichten ihr Leben einsetzen.

Damit sind wir beim zweiten Punkt, nämlich der Frage, ob eine solche Rehabilitierungsaktion notwendig ist. Ich glaube, daß der Adel keine Veranlassung hat, sich mit derart billigen Tendenzen und Motivierungen abzugeben und daß die Geschichte auch hier mehr gilt als die Meinung der Zeitgenossen. In unübersehbarer Folge haben die Geschlechter unserer Vorfahren seit den Tagen des Deutschen Ritterordens für den Ruhm der preußischen Krone ihr Leben eingesetzt – das war das Gesetz, wonach sie angetreten. Und wenn heute unsere Brüder auf dem Felde der Ehre fallen, so folgen sie damit einer jahrhundertealten Tradition unserer Familien und nicht dem Wunsch nach Popularität. Und wir, die wir zurückbleiben müssen, kennen das Los, das uns zufällt, und müssen es tragen, so wie unsere Ahnen ihr Schicksal getragen haben, wissend, daß es durch den Beifall der Menge weder leichter noch sinnvoller wird. […]

Es gibt in dieser Zeit der Entzauberung des Wortes und der Entwertung aller Begriffe nur eins, was wirksam geblieben ist: das Beispiel. Das Beispiel des Menschen, der unabhängig von den Wertungen des Tages sein Leben führt, jederzeit bereit, darüber Rechenschaft abzulegen vor Gott und seinem Gewissen und nicht vor der Öffentlichkeit.

Angesichts der erschütternden Verluste, die jeder im deutschen Adel in seinem Freundes- und Verwandtenkreis zu beklagen hat, ist der Gedanke, den Tod so vieler hoffnungsvoller Söhne propagandistisch auszuwerten, nicht nur beschämend, sondern zugleich auch kränkend, und die Vermutung liegt nahe, daß die sogenannte Führung des deutschen Adels sich der Grundlage ihrer eigenen Existenz nicht ganz bewußt ist.

Ich muß um Vergebung bitten, wenn dieser Brief vielleicht in etwas dozierendem Ton geschrieben ist, es liegt mir wirklich fern, der Adels-Genossenschaft »Belehrungen« zu erteilen, aber es liegt mir sehr am Herzen, diese Dinge, die für Sein oder Nichtsein der Aristokratie in Deutschland entscheidend sind, einmal aus dem Kreise der Laien heraus zur Sprache zu bringen, und wenn diese Gedanken zum Anlaß werden würden, die Dinge einmal unter einem anderen als dem taktisch-politisch und programmatischen Gesichtspunkt zu betrachten, so wäre damit der Zweck vollauf erfüllt.

IN DER FAMILIE sind erste schmerzhafte Verluste zu beklagen: Der einzige Sohn ihrer Schwester Yvonne fällt im Alter von neunzehn Jahren. In einem Brief an Edgar Salin schreibt Marion Dönhoff, es sei »schwer erträglich, sein Leben hier mit den alltäglichen Sorgen und Aufgaben weiterzuleben, während sich da draußen das Schicksal Europas entscheidet und Ströme von Blut fließen. Man ist hier auch so weit vom Schuß, daß man sich gar keine Vorstellung machen kann von dem, was dort vorgeht.«

IM HERBST DES JAHRES 1941 unternimmt die leidenschaftliche Reiterin gemeinsam mit Sissi Lehndorff, der Frau ihres Bruders Dieter, einen mehrtägigen Ritt durch Masuren. Für den Bruder schreibt sie einen tagebuchartigen Bericht.

30. September 1941

[...] Wenn ich die Augen aufmache, sehe ich den blauen Himmel und davor die weißen Stämme der jungen Birken. Von Zeit zu Zeit löst sich ein Blatt und fällt leise zur Erde. Mir kommen die Hofmannsthalschen Verse in den Sinn: »Wenn in der lauen Sommerabendfeier durch goldne Luft ein Blatt herabgeschwebt, hat dich mein Wehen angeschauert, das traumhaft um die reifen Dinge webt.« Ja, dies ist die Zeit des Reifens und der Vollendung und zugleich die Zeit des Abschiednehmens. Wie oft hat man in diesem Sommer Abschied genommen. Wie jung sie alle waren, Vettern, Brüder, Freunde – so vieles bleibt nun unerfüllt, ungetan. Die Natur ist barmherziger: Sie gibt einen langen Sommer zum Reifen und schenkt die Fülle, ehe sie Stück um Stück und Blatt für Blatt wieder zurücknimmt.

Ich muß an die letzte Konfirmation in der kleinen Dorfkirche in Quittainen denken. Da standen acht Mädchen in weißen Kleidern und sechs Jungen im ersten blauen Anzug. Ich sah sie nur durch einen Schleier, denn mir wurde plötzlich ganz klar, daß keiner dieser Jungen – wie doch alle ihrer Väter – noch einmal vor diesem Altar stehen würden und daß es das Los der meisten dieser kleinen Mädchen sein werde, allein zu bleiben. Der Pfarrer predigte über das Wort »Jene verlassen sich auf Roß und Wagen, wir aber denken an den Namen des Herren unseres Gottes«. Und draußen vor der Kirche lagen Soldaten in der Sonne und warteten. Warteten, bis sie schließlich am 21. Juni zum Marsch gegen Rußland antreten. Seither nimmt man eigentlich immerfort Abschied, nicht nur von Menschen – von allem, was man liebt: den Wegen, die wir oft geritten sind, den Bäumen, unter denen wir als Kinder spielten, der Landschaft mit ihren Farben, Gerüchen, Erinnerungen. [...]

Am Nachmittag kommen wir an einem Gut vorbei – ein stiller besonnter Hof, aus dem das gleichmäßige Summen einer Dreschmaschine tönt. Die offenen Tore des Fohlenstalles sehen uns einladend an, aber es ist noch gut zwei Stunden hell, und wir beschließen, weiterzureiten. Und dann – vielleicht ist das der Höhepunkt dieser Tage – steht plötzlich ein riesiger goldgelber Ahorn vor uns. Er steht auf einem leicht gewölbten Hügel vor dem leuchtend verklärten Himmel: Anfang und Ende, Erfüllung und Sehnsucht, Frage und Antwort, alles zugleich. Er steht dort wie der Baum der Erkenntnis.

DER KRIEG FORDERT weitere Opfer. Im November 1942 trifft Marion Dönhoff der schwerste Schicksalsschlag ihres Lebens. Bei einem Flugzeugabsturz verunglückt ihr Bruder Heinrich tödlich. Er wurde zweiundvierzig Jahre alt.

20. Dezember 1942

Lieber Professor [Salin],

heute ist der fünfte Sonntag seit die nicht zu fassende Nachricht kam – ich hatte Heini noch am Abend zuvor bis Steinort begleitet, von wo er am Morgen früh aufbrach, um die Kuriermaschine zu erreichen – am selben Abend kam dann ein Telefon aus Smolensk, daß die Maschine zwischen Kowno und Wilna bei einer Notlandung zu Stück gegangen sei.

Auch ich wußte, daß er eines Tages nicht wiederkommen würde, über jedem Abschied stand zitternd die Frage: wird dies der letzte sein? – und dann das lange Warten auf Nachricht, das Hoffen und Fürchten – und doch war auch die Sorge schön, die doch irgendwie noch ein Besitztum ist.

Und wenn es dann eingetreten ist, dieses Unvorstellbare, dann ist doch wieder alles ganz anders – nicht so wie bei den anderen, die dort draußen unter fremdem Himmel ruhen und deren Tod wie eine dunkle Nacht alles Gewesene und Gemeinsame zudeckt, so daß nichts zurückbleibt als Hoffnungslosigkeit, Armut, Verlassenheit und Verzweiflung. Bei ihm ist es anders – diese große Gelassenheit und die Sicherheit, die er im Leben hatte, dieses wunderbare Vertrauen und die Gewißheit – dies alles ist so stark gewesen, daß er es uns wie ein Vermächtnis zurückgelassen hat. Ich habe nie gedacht, daß es so etwas gibt, eine so unverlierbare

Zeit der Verluste

Zusammengehörigkeit, ein so unzerreißbares Verbundensein auch über die Grenzen dieser Erscheinungswelt hinaus.

Er gehörte zu den wenigen, die diese Zeit nicht unstet und fahrig gemacht hat – von Mal zu Mal erschien er mir geschlossener und konzentrierter, bei diesem letzten Zu-Haus-Sein war er eigentlich schon ganz entrückt und ohne Schwere und weit hinaus über die Dinge dieser Welt – nur Friedrichstein, das war noch seine Welt, wie hat er an allem hier gehangen und jeden Baum geliebt und jedes Tier und all die Menschen, die sich immer stärker um ihn als ihr Haupt und ihre Mitte vertrauensvoll zusammenschlossen. Wie vieles bleibt da nun unvollendet, ungetan und unausgeschöpft.

Wie gleicht ein solcher Besitz dem Ton in der Töpferhand – alles war auf ihn zugeschnitten, hatte durch ihn erst seine Prägung bekommen. Die äußere Schicht und auch die innere Ordnung und Ausgewogenheit: das Schloß, der Park, die Wirtschaft. Über jeden einzelnen Betrieb hat er in den wenigen Tagen seines letzten Urlaubes noch eine lange Niederschrift gemacht und auf Jahre hinaus für jedes Gut die Richtlinien der Weiterentwicklung und der notwendigen Umstellungen festgelegt.

Das Schicksal hat wohl schon einige Male nach ihm gegriffen, aber dieses »Streifen seiner Flügel« hatte ihn nur beschwingt und ihn nicht unsicher oder gar traurig gemacht – er war im Herbst einmal verwundet worden, aber nach drei Wochen wieder herausgegangen, um sein Bat[aillon] nicht zu verlieren, an dem er sehr hing. Damals sind wir zum letzten Mal alle zusammengetroffen, weil es sich zufällig so fügte, daß auch Dieter und mein jüngster Bruder auf Urlaub waren.

Ja, ich fände es sehr schön, wenn Sie ein paar Worte über ihn schreiben würden – ich habe es mir auch vorgenommen, um für die Kinder ein klein wenig von dem Geist und Wesen des Vaters zu bewahren.

Noch ist alles ganz unwirklich, und ich habe das Gefühl, als ob das, was vorgeht, nur ein Stück ist, das abläuft, mit lauter fremden Rollen. Wirklichkeit scheint nur das zu sein, was nicht mehr ist. Aber was ist überhaupt Realität, was Sein und Schein? Oft weiß ich nicht, ob er tot ist oder ich – wie fern ist das Leben.
Sehr von Herzen
M.

»WAS DER EINE DACHTE, das hat der andere ausgesprochen«, erzählte die gemeinsame Sekretärin. »Nach Graf Heinrichs Tod habe ich Gräfin Marion lange Zeit nicht ein einziges Mal lächeln gesehen.«
Anderthalb Jahre nach dem Tod ihres Bruders folgt ein weiterer persönlicher Schicksalsschlag. Nach dem fehlgeschlagenen Attentat auf Hitler am 20. Juli 1944 werden mehrere Freunde Marion Dönhoffs, die an dem Attentat beteiligt waren, hingerichtet. Unter ihnen ist ihr gleichaltriger Cousin Heinrich Graf Lehndorff, ihr Jugendfreund und enger Gefährte ihres Lebens. Auch Marion Dönhoff muss um ihr Leben fürchten: In den Wochen und Monaten vor dem Attentat hatte sie sich mit den Freunden in Berlin und Friedrichstein getroffen. Ihre Gespräche unterlagen strengster Geheimhaltung.
Marion Dönhoff wusste um die Attentatspläne, ohne jedoch in das genaue Datum eingeweiht zu sein. In einem Telegramm an Fritzi Schulenburg, einen der Attentäter, hatte sie angekündigt, dass sie am 20. Juli in Berlin sein und bei Peter Yorck wohnen würde. Sie

erfährt, dass ihr Telegramm Schulenburg nicht erreichte, da er Berlin bereits am 19. Juli verlassen hatte, und muss befürchten, ihr Telegramm könnte der Gestapo in die Hände gefallen sein.

Zunächst bleibt sie unbehelligt und kann weiterhin ihren Aufgaben als Verwalterin des Familienbesitzes in Ostpreußen nachkommen. Wenige Wochen später jedoch wird sie in Schloss Friedrichstein von der Gestapo aufgesucht. Ein entfernter Verwandter hatte sie wegen ihrer Kontakte zu den Attentätern denunziert. Sie wird abgeholt und zu einem Verhör nach Königsberg gebracht. Mit dem Hinweis auf langjährige Familienstreitigkeiten mit dem Denunzianten und einem zu vermutenden Akt persönlicher Rache gelingt es ihr, einer Verhaftung zu entgehen.

IM NOVEMBER 1944 schreibt sie an Professor Walter F. Otto, den sie aus ihrer Studentenzeit in Frankfurt kennt. Der berühmte Gräzist hatte in Königsberg eine Professur inne, und so oft es ging hörte Marion Dönhoff als Gasthörerin seine Vorlesungen. Walter F. Otto besuchte sie häufig in Friedrichstein. Einige Monate bevor sie den folgenden Brief schreibt, ist er von Königsberg in den Westen geflüchtet.

Den 1. Nov. 1944

Sehr lieber Professor

Wie oft habe ich Ihnen schon in Gedanken geschrieben, wenn ich durch das herbstliche Land von Vorwerk zu Vorwerk reite – unendlich oft, und doch ist es nie zu Papier gekommen. Es sind sehr schlimme Wochen und Monate, die hinter uns liegen, alles war so trostlos und grau und dabei so verhetzt und voller Unruhe, daß ich meine Gedanken nicht recht zusammenfinden konnte.

Was man an Hoffnungen und echtem Besitztum noch sein eigen nennt, weiß man ja merkwürdigerweise immer erst dann, wenn es verloren gegangen ist – und es ist wirklich nicht übertrieben, wenn ich sage, daß alle diese Dinge zu Stück gegangen sind, seit wir uns das letzte Mal sahen. Es ist schwer, etwas darüber zu sagen – einiges wissen Sie wohl auch, wie ich aus dem letzten Brief Ihrer Frau entnommen habe.

Es ist so vieles anders geworden, so vieles in Frage gestellt, so viele Menschen, die wichtig waren und unersetzlich, sind nicht mehr. Daß Major Mann gefallen ist, wissen Sie – der Bruder meiner Schwägerin ist in der gleichen Schlacht geblieben und so mancher andere noch seither. Das alles hat so viele unausdenkbare Konsequenzen, nicht nur für die Familien, sondern auch im Hinblick auf das Ganze.

[…] Das Elend im Land und auf den Straßen ist unvorstellbar – der Strom der Flüchtlinge reißt nicht ab und schleicht wie ein tausendfüßiger Wurm gen Westen, von einem eisigen Ostwind getrieben und seit Tagen von Regen überschüttet. Es ist ein trostloser, sehr östlicher Anblick, diese ungezählten Fuhrwerke: offene hochbepackte Leiterwagen mit abgetriebenen Pferden davor und vielen Frauen und kleinen, z. T. neugeborenen Kindern darauf und einigen zu Fuß marschierenden Greisen oder französischen Gefangenen. Dahinter zuweilen auch eine Kuh oder ein paar Schafe, die müde und stumpf hinterher wandern. Das geht nun schon sehr lange so, jede Nacht eine andere Invasion: gestern kam ein Treck von Bekannten mit 70 Pferden und 200 Menschen hier durch, sie hatten vor 10 Tg ihren Besitz mitten in der Nacht, ohne alle Vorbereitung, ohne Licht und ohne Nachdenken räumen müssen – in letzter Sekunde, die Panzer standen auf 800 m, und das Gut lag schon im Infanteriefeuer, natürlich mußten sie alles zurücklassen: 1500 Stück Vieh, Schafe, Pferde, gepackte Kisten usw. – Heute nacht sind 120 Pferde und ich weiß gar nicht wieviele Menschen untergezogen, und wer weiß, was morgen kommt.

Wie ein nicht endender »Kulturfilm« rollen die Bilder vor einem ab: Im Juli kamen nach monatelangem Wandern die Weißrussen durch mit ihren kleinen leichten Planwagen und den struppigen Pferden unter dem Krummholz, dann wochenlang Litauer, große, finster aussehende Kerle, meist zu Fuß hinter ihrem kleinen Wagen mit der angebundenen Kuh und jetzt seit schon 14 Tg Deutsche, zunächst noch mit slawischem Einschlag und etwas unverständlicher Mundart und nun schon richtige »Landsleute«.

Bei meinem Bruder in Skandau steht schon alles gepackt, in Friedrichstein ist aber noch alles ruhig, doch das ist wohl nur eine Frage der Zeit.

Mein Neffe Dellingshausen liegt seit 2 Monaten im Lazarett in Polen und wird von Läusen und Wanzen aufgefressen, die sich unter seinem Gipsverband – der ganze Oberkörper ist eingegipst – eingenistet haben und ihn schrecklich quälen. [...]

Ich fürchte, Sie werden mit meiner »Auswahl-Sendung« aus Ihrer Bibliothek gar nicht sehr zufrieden sein – ich habe damals gleich nach dem Terrorangriff unter dem Eindruck der grauenvollen Zerstörung alles, was mir besonders wichtig schien, ergriffen, aber es konnte nicht sehr viel sein, und so war die Wahl unendlich schwierig. Deutsche Philosophie und Dichtung wird wohl mit den wichtigsten Dingen vertreten sein, desgl ein paar Franzosen, letztere z. T. auch der schönen Ausgaben wegen, so Montaigne in zweifacher Auflage. – Von lateinischen Werken habe ich nichts entnommen, weil ich da zu wenig Bescheid weiß. An Fachliteratur habe ich das genommen, was offensichtlich am meisten benutzt worden war und mit Anmerkungen und Zetteln sowie Auszügen versehen ist. Von dem großen Müllerschen Handbuch sind unter diesem Aspekt nur 5 Bd mitgegangen – es schien mir einerseits barbarisch, sie auseinanderzureißen, andererseits aber doch wieder gerechtfertigt, zumal die Bände gar nicht zusammen standen, sondern offensichtlich nach ihrer »Dringlichkeit« geordnet waren. So habe ich also nur die genommen, die griffbereit in der Mitte auf dem Einzelregal standen. Die Liste füge ich bei – sollten Sie noch irgendwelche anderen Bücher haben wollen, so lassen Sie es mich bitte umgehend wissen – es macht gar keine Schwierigkeiten, die Sachen einzupacken und zur Bahn zu schaffen, fraglich ist nur, wie lange Fracht noch angenommen wird.

Meine Pläne sind so, daß ich, sollte das Friedrichsteiner Gebiet geräumt werden, die gesamten Leute (es sind über 500) versuchen will, per Treck bis in die hiesige Gegend zu führen, dann die hiesigen Betriebe auf den Weg zu bringen und dann – weil ich es für hoffnungslos halte, wenn die ganze Provinz erst einmal unterwegs ist, überhaupt noch vorwärts, geschweige denn über eine der beiden Brücken zu kommen –, dann also mich per Reitpferd zu verselbständigen und allmählich gen Westen zu reiten – hoffentlich zusammen mit meiner Schwester.

So, jetzt habe ich, glaube ich, alles Erwähnenswerte berichtet und werde in mein Bett fallen – zum Schlafen kommt man nicht mehr viel.

Viel Gutes wünsche ich Ihnen beiden und hoffe von Herzen auf ein baldiges Wiedersehen.

Wie immer Ihre

Marion

MARION DÖNHOFFS älteste Schwester Christa war schon 1926 im Kindbett gestorben. Sie hinterließ zwei Söhne, Karl August und Christoph Dellingshausen, für die Marion Dönhoff sorgte. Auch sie wurden eingezogen. Der neunzehnjährige Karl August fiel schon nach wenigen Wochen. Christoph, zu dem Marion Dönhoff eine besonders innige Beziehung hat, liegt verwundet im Lazarett.

19. Dez. 44

Mein Liebes – endlich heute Dein Brief, ich hatte schon sehr auf Nachricht gewartet. […]

Was machst Du in Deiner San. Komp.? Und was meinte Dein Freund Emmermann? Glaubt er wirklich, daß Du die Finger alle wieder ganz normal wirst gebrauchen können?

Hier ist es auch saukalt geworden, und da der Frost sehr plötzlich mit 10° in der Nacht nach strömendem Regen einsetzte, ist natürlich nichts geschleppt worden, und die Höfe und Wagen sind in einer trostlosen Verfassung – es ist kaum möglich, sich mit dem Wagen vorwärtszubewegen.

Ich werde zu Weihnachten in Friedrichstein sein, Dieter und Sissi fahren zwar zu den Kindern, aber da kaum anzunehmen ist, daß ich noch einmal am Heiligabend in Friedrichst. sein kann, möchte ich doch hinfahren.

Dieser Brief wird kaum mehr zur Zeit kommen, um Dir zu sagen, daß ich sehr an Dich denken werde und an die früheren Weihnachten, wo wir noch alle zusammen waren – aber Du weißt es wohl auch so.

Sei umarmt

M

Das Porträt des
Neffen Christoph
steht zeitlebens auf
Marion Dönhoffs
Schreibtisch

Auch Christoph Dellingshausen stirbt nach mehrmonatigem Aufent-
halt im Lazarett. Dieser Feldpostbrief kommt ungeöffnet an Marion
Dönhoff zurück.

WÄHREND DIE VERTRAUTE WELT um sie herum
zusammenbricht, trifft Marion Dönhoff letzte Vorbereitungen für
ihre Flucht aus der Heimat. Ihr letzter Brief aus Friedrichstein
geht an Walter F. Otto.

Lieber Professor,

[...] Was nun Ihre Sachen anbetrifft, habe ich wesentlich weniger geleistet als Sie glauben, so daß Ihre vielfältigen Danksagungen mich tief beschämen. Ich habe lediglich 2 Kisten bauen und sie bei Ihnen in der Wohnung abgeben lassen und veranlaßt, daß zwei Kisten, die schon seit Wochen fertig gepackt dastanden, zur Bahn befördert wurden, alles andere habe ich Frl. Cornelissen überlassen, ihr auch den Bücher-Wunschzettel und die Listen des Küchengeschirrs übersandt – leider ist zufolge ihres ungewissen Schicksals so viel ich weiß nichts abgegangen, aber ich werde mich nächste Woche, wenn ich in Frdst. bin, noch einmal danach erkundigen.

Seit heute früh hören wir nun wieder den fernen Donner der Geschütze und harren der Dinge, die da kommen, und man tut das eigentlich völlig wunsch- und leidenschaftslos und mit dem Gefühl dessen, der einer Feuersbrunst zusieht und genau weiß, daß die Flammen alles vernichten, und sich nur noch fragt, ob es 2 oder 3 Stunden dauert, bis es so weit ist. Es sind und geschehen weiter so ungeheuerliche Dinge, daß dies alles nicht mehr so wichtig erscheint – »was ich besitze, seh ich in Weiten und was verschwand, wird mir zu Wirklichkeiten«. Das ist eigentlich im Letzten das Lebensgefühl, das einen vorwiegend beherrscht.

Oft, wenn ich im Walde bin oder in den Ställen oder durch die Räume in Friedrichstein gehe und darüber nachdenke, was man eines Tages zurücklassen wird, scheint es mir gar nicht so viel, weil ich das Gefühl habe, daß die einzige Realität dieser Welt in den paar Bänden beschlossen liegt, die auf meinem Regal stehen, und noch einigen, die dort fehlen. Und wenn ich wie gestern 3 Std. unter dem klaren Nachthimmel im Schlitten über Land fahre und diese gewaltige, tausendfältig glitzernde Welt über mir anschaue, dann fällt mir die Scene aus Krieg und Frieden ein, wie Bolkonski verwundet auf dem nächtlichen Schlachtfeld liegt und zu den Sternen aufsieht, als plötzlich Napoleon gestikulierend und schwätzend wie ein schlechter Komödiant über diese große Bühne reitet. – Mein Freund, der Stern Betegeuze, hat einen Radius von 228 Mill. km, sein Durchmesser ist aber 3 × so lang als die Entfernung von der Sonne zur Erde – wie kann es einem da so erheblich erscheinen, was auf unserem komischen kleinen Planeten im Jahr 1945 geschieht.

Ich habe all meine Freunde verloren, manche von ihnen haben mein Leben seit zwei Jahrzehnten begleitet und erfüllt, und sie waren mir wichtiger als alles andere. Ich vermag nicht mehr um sie zu trauern und wünsche die Toten nicht zurück in diese dumpfe Welt – nur eines wünsche ich mir, daß sie uns nah bleiben und daß ich nie einen Tag lang vergesse, woran sie geglaubt und wofür sie gekämpft haben. Ich bin dankbar zu wissen, daß das Gefühl des Getrenntseins eines Tages nicht mehr sein wird.

Von Ihrer Freundin sind nur dürftige Nachrichten, es scheint leidlich zu gehen, aber es gibt keine Möglichkeit der Kommunikation. Alles Liebe und Gute Ihnen beiden und sehr herzliche Grüße von Ihrer

Marion

PS Ich habe gar nicht richtig gedankt für Ihren so guten Brief, der mir eine ganz große Freude war.

Bild Seite 90/91: Schloss Friedrichstein, Foto: Marion Dönhoff

SIEBEN TAGE nach diesem Brief tritt Marion Dönhoff zu Pferd die Flucht in den Westen an.

Die Flucht beschreibt sie in dem Artikel »Ritt gen Westen«:

[...] Am 21. Januar hatten wir uns zusammen auf den Weg gemacht, spät am Abend durch einen von den Ereignissen schon fast überholten Räumungsbefehl alarmiert und von dem immer näher rückenden Lärm des Krieges zur Eile getrieben. In nächtlicher Dunkelheit die Wagen packen, die Scheunentore öffnen, das Vieh losbinden – das alles geschah wie im Traum und war das Werk weniger Stunden.

Und dann begann der Auszug aus dem gelobten Land der Heimat, nicht wie zu Abrahams Zeiten mit der Verheißung »in ein Land, das ich dir zeigen werde«, sondern ohne Ziel und ohne Führung hinaus in die Nacht. Aus allen Dörfern, von allen Straßen kommen sie zusammen: Wagen, Pferde, Fußgänger mit Handwagen, Hunderte, Tausende; unablässig strömen sie von Nord und Süd zur großen Ost-West-Straße und kriechen langsam dahin, Tag für Tag, so als wäre der Schritt des Pferdes das Maß der Stunde und aller Zeiten.

Fremd sind die Flieger am Himmel, fremd das Donnern der Geschütze und fremd das Lärmen der Panzerketten, die an uns vorüberrasseln. Schritt für Schritt geht es weiter durch die eisigen Schneestürme des Ostens. Die Nächte gehen dahin auf den Landstraßen, an Feuern oder in den Scheunen verlassener Höfe, und der dämmernde Morgen bringt immer das gleiche Bild: Kinder sterben, und Alte schließen die Augen, in denen angstvoll die Sorgen und das Leid von Generationen stehen.

Woche um Woche verrinnt. Hinter uns brandet das Meer der Kriegswellen, und vor uns reiht sich Wagen an Wagen in endloser Folge – es gibt nur noch den Rhythmus des Pferdeschrittes, so wie er unbeirrt durch die Jahrtausende gegangen ist. Ist es der Auszug der Kinder Israel, ist es ein Stück Völkerwanderung, oder ist es ein lebendiger Fluß, der gen Westen strömt, gewaltig anwachsend – »Bruder, nimm die Brüder mit«?

Aus allen Ländern und Provinzen, durch die der Fluß sich wälzt, streben sie ihm zu, neue Ströme von Wagen und Menschen. Die Dörfer blieben verwaist zurück, in Pommern, in der Mark und in Mecklenburg, und der Zug wächst, und die Kette wird immer länger, längs fahren zwei und drei Fahrzeuge nebeneinander und sperren die ganze Breite der Straße. Aber was tut es, sie haben alle den gleichen Weg – gen Osten fährt keiner mehr. Nur die Gedanken gehen täglich dorthin zurück, all diese vielen herrenlosen Gedanken und Träume. Niemand spricht, man sieht keine Tränen und hört nur das Knarren der allmählich trocken werdenden Räder.

Viele Marksteine der östlichen Geschichte standen an dem endlosen Wege: die Marienburg, das Schloß Varzin, die Festung Kolberg. Nogat, Weichsel, Oder und Elbe haben wir überquert, und allmählich, Eis und Schnee zurücklassend, ziehen wir mit dem aufblühenden Frühling durch das Schaumburger Land; und nun ist auch langsam der Strom der wandernden Flüchtlinge verebbt und irgendwo in neue Häfen und enge Stätten der Zuflucht eingemündet.

Ich bin schließlich ganz allein mit dem braven Fuchs bei Rinteln über die Weserbrücke geritten, vorbei an Barntrup, einem kleinen Städtchen, aus dessen Mitte ein schönes Renaissanceschloß emporsteigt. Vor mir liegt ein bewaldeter Höhenzug, und dahinter muß auch bald das Ziel unserer Reise zu finden sein. Wie die Slalomspur eines Schiläufers ist der Weg in großen Schleifen in den Buchenhang eingeschnitten, über dem schon ein leiser Schimmer von Grün liegt. Wir steigen gemächlich bergan, es ist ein schöner Vorfrühlingstag, die Drosseln schlagen, und ein sanfter Wind treibt die Wolken über die warme Frühlingssonne. Plötzlich, als wir in die letzte Kurve der Straße einbiegen, steht droben an dem Kamm eine einsame Gestalt, wie ein Monument vor dem hellen Himmel. Seltsam fremd in dieser Landschaft und doch auch wieder vertraut: Das Bild eines alten Mannes, grau, verhungert, abgerissen in seiner Kleidung, auf dem Rücken einen Sack, der die letzte Habe birgt, in der Hand einen Stab – so steht er wie einer jener Hirten, die zu Homers Zeiten ihre Schafe weideten, und sieht mit weltverlorenem, zeitlosen Blick in die blaue Weite des Tals. Mir kommt das Bild des Rilkeschen Bettlers auf dem Pont Neuf in den Sinn: »Der blinde Mann, der auf der Brücke steht, / grau wie ein Markstein namenloser Reiche, / er ist vielleicht das Ding, das immer gleiche, / um das von fern die Sternenstunde geht.«

Ich wage nicht, ihn zu stören, und grüße ihn nur, wie man ein Kreuz grüßt, das am Wege steht, voller Ehrfurcht und nicht Antwort heischend.

Und dann bietet sich mir ein unfaßliches Bild: Den Berg herauf, uns entgegen, kommen sie gewandert, viele solcher Gestalten, manchmal zwei oder drei, die gemeinsam ziehen und das Los der Landstraße miteinander teilen, aber meist sind es einzelne, durch den Krieg nicht nur der Habe und der Zuflucht beraubt, sondern auch der tröstlichen Gemeinschaft vertrauter Menschen. Grau, elend, abgehärmt sind ihre Gesichter, voller Spuren angsterfüllter Bunkernächte, aber aus ihren Augen ist die Furcht längst geschwunden, stumpfe Hoffnungslosigkeit ist eingezogen.

Ist das noch das Deutschland, dieses Fleckchen Erde, auf dem sich Ost und West begegnen, ratlos, ohne Heimat und Ziel, zusammengetrieben wie flüchtendes Wild in einem Kessel? Ist dies das »tausendjährige Reich«: ein Bergeskamm mit ein paar zerlumpten Bettlern darauf? Ist das alles, was übrig blieb von einem Volk, das auszog, die Fleischtöpfe Europas zu erobern? Wie klar und deutlich ist die Antwort zu lesen: »Denn wir haben hier keine bleibende Statt, aber die zukünftige suchen wir.«

MITTE MÄRZ 1945 erreicht Marion Dönhoff nach einem Ritt von knapp zwei Monaten Westfalen. Auf dem Gut des Grafen Görtz in Brunkensen im Kreis Alfeld, wo inzwischen auch andere Familienmitglieder eingetroffen sind, wird sie die nächsten Monate bleiben. Hier verfasst sie ein »In Memoriam« für die Hinterbliebenen der nach dem fehlgeschlagenen Attentat auf Hitler hingerichteten Freunde. Es ist das erste veröffentlichte schriftliche Zeugnis zu diesem Ereignis, das erst acht Monate zurückliegt. Marion Dönhoff schreibt:

»Es sind nur wenige, die um das wissen, was diese Männer waren und anstrebten und was sie bei allem Planen und Handeln als festes, unverrückbares Bild vom geheimen Deutschland, vom neuen Menschen im Herzen trugen. Wir, die wir noch eine Ahnung davon haben, müssen dieses Erbe hüten, es aber zugleich fruchtbar machen für die, denen es nicht vergönnt war, dem Freundeskreis nahe zu stehen: für die Jugend, die in dieser heillosen Zeit mit leeren Händen heranwächst, für die Kinder, die aus dem Geist und Blut dieser Männer geboren sind und die vielleicht einmal die Reife der Saat erleben werden, deren Korn die Väter in dunkles Erdreich pflanzten.«

Für die Nachwelt beschreibt sie die Vorgeschichte und Vorbereitung des Attentats und endet mit den Worten:

»Wir wollen hoffen, daß diese Männer und ihr Sein den Deutschen Mahnung und Wegweiser zugleich sein mögen. Wir wollen hoffen, daß ihr Geist weiterlebt, auch wenn ihr Tun keinen neuen sichtbaren Anfang gesetzt hat, sondern nur den Schlußstrich unter ein Kapitel, das zu Ende gegangen ist im Geiste der Worte des 9. Makkabäer-Kapitels:

Ist unser Zeit gekommen,
so wollen wir ritterlich sterben
um unserer Brüder willen
und unsere Ehre
nicht lassen zu Schanden werden.«

CLARITA VON TROTT, die Witwe von Adam von Trott zu Solz, antwortet Marion Dönhoff umgehend: »So muß ich Ihnen auf alle Fälle sagen, wie tief dankbar ich für das Geschenk eines Memorandums bin. Es scheint alles darin, was jetzt und von einem von uns gesagt werden kann, und ich empfinde es ganz als Ausdruck alles dessen, was mich selbst dauernd beschäftigt.«

Marion York, die Witwe von Peter Graf York, schreibt ihr: »Du hast die Menschen und Geschehnisse von einem anderen Schwerpunkt erlebt, von dessen Vorhandensein wir wußten.« Ihr Brief schließt mit den Worten: »Peter läßt Dich grüßen in seinem letzten Brief. In einer stillen Stunde lese ich ihn Dir vor. Mein Mariönchen, bist Du sehr fleißig? Schreib bald wieder. Ich habe gern und guten Kontakt mit Dir. Gott behüte Dich.«

Zur gleichen Zeit schreibt Marion Dönhoff in englischer Sprache zwei Memoranden an die Alliierten, in denen sie erklärt, wie es zum Nationalsozialismus in Deutschland kommen konnte und was ihrer Ansicht nach für den Aufbau eines neuen Deutschland getan werden muss. Die Alliierten antworten nicht.

Während Marion Dönhoff den Kindern der Verwandten in Brunkensen notdürftig Schulunterricht erteilt, finden sich in Hamburg vier Männer zusammen, unter ihnen Dr. Gerd Bucerius, die eine neue Zeitung gründen wollen: ein freies, unabhängiges, überregionales und politisches Blatt. Zufällig fällt ihnen das Memorandum in die Hände. Sie wollen die Verfasserin kennenlernen und laden sie zu einem Gespräch nach Hamburg ein. Es wird Marion Dönhoffs Zukunft entscheiden.

Im März 1946, ein Jahr nach ihrer Ankunft im Westen, wird Marion Dönhoff Mitglied der Redaktion der neugegründeten Wochenzeitung *Die Zeit* in Hamburg. Sie ist sechsunddreißig Jahre alt. Die Handvoll Redakteure, zu denen sie nun gehört, arbeitet in provisorischen, ungeheizten Räumen im trüben Licht selbstgebastelter Petroleumfunzeln; es mangelt an Papier. Die ersten Ausgaben der *Zeit* werden noch am großen Esstisch entworfen, die kargen Mahlzeiten familiär miteinander geteilt. Marion Dönhoff, journalistische Amateurin, lernt das Handwerk von den Kollegen schnell. In der Nr. 5 vom 21. März 1946 erscheinen ihre ersten beiden Artikel: »Totengedenken 1946« auf Seite 1 und »Ritt gen Westen« im Feuilleton.

Marion Dönhoff zieht ins Haus ihrer Freunde Blumenfeld an der Fontenay, nahe der Alster. Hier bewohnt sie zwei ineinander übergehende kleine Zimmer. Ende 1946, sie hat in der *Zeit* bereits mehrere Artikel veröffentlicht, nimmt sie die Korrespondenz mit Carl Jacob Burckhardt wieder auf. Sie kennt den Schweizer Historiker, Schriftsteller und Diplomaten seit ihrer Baseler Studienzeit.

31. Dezember 1946

Lieber Carl,

am Rande dieses Jahres machen meine Gedanken noch einmal die Runde und wandern zu den verstreuten Freunden längst vergangener Zeiten, die der große Orkan über den Globus verstreut hat – der Kreis ist arg zusammengeschrumpft, und es sind nur noch wenige, die das zweifelhafte Los getroffen hat, weiter auszuharren und die Zerstörung der Welt mitansehen zu müssen. […]

Man ist so schicksalgefügig geworden, und das Passagère aller Dinge dieser Welt ist einem so nachdrücklich zum Bewußtsein gekommen, daß man mit einem gewissermaßen höherem Gleichmut und »heiliger Nüchternheit«, wie Hölderlin sagt, dem Ablauf der Geschichte zusieht – aber manchmal kann einem doch das Gruseln kommen.

Ich hatte Ihnen längst einmal schreiben wollen – habe es vielleicht überhaupt schon einmal im Laufe dieses Jahres getan –, man wird so zerstreut in diesem Leben, das keinen festen Punkt mehr hat, daß ich nie mehr genau weiß, was Absicht war und was Ausführung, was Vorsatz, Traum oder Realität ist.

Ich bin inzwischen in Hamburg gestrandet und helfe, eine Zeitung fabrizieren, die wohl die einzig lesbare Zeitung Deutschlands ist, und finde daran viel Freude und Befriedigung – ich schicke Ihnen unsere Neujahrsnummer mit, weil ich denke, daß es Sie vielleicht interessiert. Übrigens dürfen wir neuerdings ein paar Auslandsabonnements vergeben, und so wollte ich sie Ihnen eigentlich laufend schicken, weil sie doch ein ganz gutes Bild von der »geistigen Situation« (wie es so schön heißt) gibt.

Auch schicke ich Ihnen ein kleines Heft mit, das ich den Freunden zum Gedächtnis schrieb.

Wie habe ich an die schönen Tage in Crans gedacht, wie unwirklich erschien mir damals schon diese Welt, und doch gab es damals noch einen Schimmer von Hoffnung. Wir alle lebten von der Hoffnung auf ein »Danach«, und mit dieser Gewißheit ließ sich alles ertragen.

Viel Schönes Ihnen und Elisabeth

von Ihrer Marion Dönhoff.

WIE MILLIONEN anderer Deutscher nach dem Krieg ist Marion Dönhoff entwurzelt. Die alte Heimat ist verloren, die neue noch nicht gefunden. Sie spricht nicht oft darüber. Auch in der Zeitung schreibt sie nur selten zu diesem Thema. Im September 1947 erscheint in der *Zeit* ihr Artikel »Menschen im Abteil«.

Jede Eisenbahnfahrt ist ein Erlebnis. Nicht nur, weil man immer von neuem darüber staunt, wie viele Menschen in einen Waggon hineingehen und wie mannigfaltig die Variationsbreite der verschiedenen Temperamente ist – also nicht nur wegen dem, was drinnen im Wagen vor sich geht, sondern auch in bezug auf das, was draußen vorüberzieht. Wobei dies nun wirklich eine optische Täuschung ist, denn das »Draußen«, das Fremde in dem objektiven Bild der Landschaft, sind ja doch zweifelsohne die Reisenden beziehungsweise der Zug. Wahrscheinlich liegt es an diesem Subjekt-Objekt-Wandel, daß mich Eisenbahnfahren immer traurig macht. Es ist etwas Merkwürdiges, wenn aus dem, was eigentlich das Leben ist, eine Landschaft wird, die an einem vorbeigleitet mit Stoppelfeldern, Kartoffelfeuern und weidendem Vieh – flüchtige Bilder, die man nicht festhalten kann und für die man selber nur ein Fremdling ist.

Dieser schon herbstliche Nachmittag mit dem südlich blauen Himmel des bayerischen Vorgebirges ist von einer seltsamen Wehmut umwoben. Eine alte Frau klagt mit monotoner Stimme über die Ungastlichkeit dieses Landes, in das der Bombenkrieg sie verschlagen hat; sie träumt von ihrer Heimat, dem Ruhrgebiet, wo ihr Mann ein kleines Häuschen hatte mit einem Garten, in dem im Herbst die Dahlien blühten. Dreißig Jahre hatten sie beide gearbeitet, und als dann der Traum ihres Lebens Wirklichkeit geworden war, kam der Krieg und die Bombenangriffe, und ein Schutthaufen war alles, was von den Leiden und Freuden dieses Lebens zurückblieb. Niemand antwortet, die Mitreisenden hängen alle ihren eigenen Gedanken nach.

Die Buchenwälder verfärben sich schon, und einzelne Birken stehen lichtgelb neben den roten Vogelbeeren. Plötzlich höre ich die Stimme des jungen Polen von gegenüber fragen: »Du auch Heimweh?« Ich bin ganz betroffen von so viel Hellsichtigkeit, und er fügt hinzu: »Bei uns die Wälder jetzt auch schön.« Damit lassen wir es im wesentlichen bewenden, denn die Gewißheit unserer Brüderlichkeit ist tiefer als der Sprachschatz und läßt sich nur noch mit einer Zigarette bekräftigen. Merkwürdig, zu denken, daß niemand nach Haus kann, wir nicht, weil unser Land so klein geworden ist, und er nicht, obgleich das seine so viel größer und geräumiger geworden ist. Es tut mir jetzt leid, daß ich beim Einsteigen gedacht habe, ob wohl der Vorbesitzer seiner Jacke, die aussieht, als habe sie bessere Tage auf Golfplätzen und internationalen Turnieren gesehen, ihretwegen sein Leben vielleicht hat lassen müssen. Überhaupt sind plötzlich alle Aspekte verändert, und alle Mitreisenden erscheinen mir irgendwie liebenswert.

Da ist zum Beispiel noch eine auffallende ältere Dame, eine Wienerin, die trotz ihrer abgerissenen Kleidung und einem Sack als einzigem Gepäckstück etwas unglaublich Souveränes hat. Sie spricht leise und scheu, eigentlich mehr zu sich selbst als zu ihrem Gegenüber, und ihre Gesten sind wie die einer großen Künstlerin.

Marion Dönhoff, 1947

Ich muß an jene Frau denken, von der Rilke spricht, die jeden Tag um eine bestimmte Stunde im Jardin Luxembourg in einem grünen Kleide saß, jahraus, jahrein, und auf ihren verschollenen Geliebten wartet. Sicher ist sie ihr ähnlich gewesen. Sie kommt aus einem tschechischen Lager, und man muß dankbar sein für ihren Entschluß, uns nichts zu erzählen von dem, was sie erlebt hat. Jetzt fährt sie zu ihrem Mann, der in einem Dorf im Allgäu Zuflucht gefunden hat, und ist wie ein Kind, verwundert und beglückt über die Berge und die Hilfsbereitschaft der Menschen. Sie hat ihren Mann zwei Jahre lang nicht gesehen – »zwei Jahre, und ich hätte früher nie gedacht, daß ich eine Trennung überleben könnte, die länger als ein Tag wäre. Manchmal bin ich heimlich in die Akademie gegangen, wo er arbeitete, nur, um ihn einmal über den Flur gehen zu sehen, weil es mir so unerträglich lang schien bis zu seiner Rückkehr«. Und dann macht sie zahllose Pläne, wie sie es anstellen könne, ihn durch ihr unvorhergesehenes Erscheinen nicht zu erschrecken. Sie plant, verwirft und prüft von neuem. Vielleicht könnte sie von der Bahn einen Boten über Land schicken, der ihm bestellt, ein Herr aus Wien sei auf der Bahn und möchte ihn sprechen? Bedenken bei ihrem Gegenüber: »Wer sollte wohl so spät am Abend acht Kilometer über Land gehen?« – »Bezahlen?« – »Für Geld tut hier keiner was.« – Sie sieht ganz hilflos aus bei diesen Einwendungen, und alle Beteiligten sind ebenfalls ratlos gegenüber so viel Weltfremdheit. Vielleicht ist es die allgemeine Ratlosigkeit, die diese seltsame Atmosphäre der Gemeinsamkeit erzeugt.

Was heißt eigentlich »Weltfremdheit«, frage ich mich. Ist diese merkwürdige Frau, die mit der sogenannten Realität so wenig vertraut ist, der Wirklichkeit nicht viel näher als die andern, die sich »mitten im Leben« meinen? Und woher kommt es, daß diese Summe von Sorgen, Kummer und Heimweh, die der Zufall in den gleichen Waggon gepackt hat und die gewöhnlich sehr rasch eine Atmosphäre von Gereiztheit und Rücksichtslosigkeit erzeugt, menschlich angesprochen, plötzlich das ihnen allen Gemeinsame und sie Verbindende entdeckt?

Vielleicht würden die Welt und die Menschen ein anderes Gesicht bekommen, wenn nicht immer nur gesagt würde, wie die wirklichen Menschen sind, sondern wenn sie es öfter erfahren würden an ihren Nächsten oder an sich selber.

INNERHALB WENIGER JAHRE entwickelt sich Marion Dönhoff in der neuen Bundesrepublik zu einer anerkannten politischen Journalistin. Die seltenen Ferien verbringt sie mit Christian, Hermann und Christina, »meinen Kindern«. Damit meint sie die drei Kinder von Heinrich, ihrem verstorbenen Bruder. Nachdem auch deren Mutter gestorben war, übernahm sie die Vormundschaft der drei Waisen und ist an allen wichtigen Entscheidungen beteiligt. Die Kinder leben bei der Großmutter mütterlicherseits im Rheinland und im bayerischen Gollenshausen. Im Sommer war Marion Dönhoff mit den drei Kindern an der Ostsee, Weihnachten feiern sie im großen Kreis im Bayerischen. Aus den Weihnachtsferien schreibt sie einen Brief an Carl Jacob Burckhardt.

Lieber Carl

Nun habt Ihr Euren Heiligen Abend unter dem Orangenbaum gefeiert, was ich eine glänzende Idee finde. Wahrscheinlich war es wohl ein Pomeranzenbaum in einem großen grüngestrichenen Holzkübel, so wie sie früher von Frankreich bis Ostpreußen vor jedem besseren Schloß standen. In meiner Kinderzeit stand in Friedrichstein vor dem Haus eine lange Reihe dieser exotischen Gewächse.

Mein Weihnachten war ganz ländlich und bavaresque und sehr schön. Ich fiel in die letzten hektischen kunstgewerblichen Vorbereitungen der Kinder, die in einigen Stunden mein ganzes Zimmer mit Leim, Papierschnipseln und Aquarell-Farben überzogen hatten – alles klebte, und während ich Weihnachtsgedichte überhören mußte, fraßen die beiden jungen Hunde unbemerkt mein Feiertagsgewand zur Hälfte auf. Zur Mitternacht war dann eine schöne Messe in der kleinen Dorfkirche, die sich festlich geschmückt und mit Kerzen nicht gespart hatte. Die Damen des Dorfes alle schön in Tracht. Kirchen haben immer etwas von einem ruhenden Pol an sich. Sie sind der einzige Ort, den ich noch wirklich als Raum empfinde, und die Menschen darin die einzige Versammlung, die mir noch eine Gemeinschaft zu sein scheint.

Ich habe mir angewöhnt, bei den meist verholzten Tagesläufen in Bonn und anderen Städten zwischendurch gelegentlich einmal ¼ Stunde in einer Kirche zu pausieren. Das ist wunderbar ausruhend. Neulich hatte ich allerdings den Schreck meines Lebens. Ich war in Trier zu einer großen Europa-Tagung, deren Kernstück ein vielstündiges Lunch bildete. Nach 2 St. pausenlosen Essens und Redens waren wir erst bis zum Braten gelangt und ich dieser

Veranstaltung so überdrüssig, daß ich unter dem Vorwand, telefonieren zu müssen, die Altstadt betrachten ging und dann auch in den Dom. Dort überfiel mich schließlich die Frühstücksmüdigkeit mit solcher Vehemenz, daß ich auf einem der zufällig im Mittelgang stehenden Stühle sanft entschlummerte und erst in dem Moment erwachte, als (wie in einem Albtraum) der Bischof im vollen Ornat, begleitet von 20 schön gekleideten Geistlichen in langer Prozession auf mich zuschritt und alles um mich herum kniete. Es war nämlich Allerseelen, wie ich dann erfuhr. [...]

Alles Gute und Schöne und herzliches Gedenken zur Jahreswende

Marion

Mit Christian und Hermann

Mit Christian und Christina

Die Ferien verbringt Marion Dönhoff mit den Kindern ihres verstorbenen Bruders Heinrich

Marion Dönhoff in den fünfziger Jahren

IN DEN FOLGENDEN JAHREN wird Carl Jacob Burckhardt, einer der alten Freunde aus ihrem »ersten« Leben, zu Marion Dönhoffs engstem Briefpartner.

12. Sept. 53

Lieber Carl

[...] Hier ist inzwischen eine Katastrophe über mich hereingebrochen insofern, als Blumenfelds ein Haus in Blankenese gekauft haben und ich per 1. Dez. hier ausziehen muß. Das ist nach 7 Jahren einfach grauenhaft, weil die Warburgstr. und die Konstellation mit diesen Freunden wirklich zu so einer Art Heimat für mich geworden war oder mindestens die Heimatlosigkeit angenehm camouflierte. Der Gedanke, irgendwo eine Wohnung suchen zu müssen, niemand zu haben, der wie der gute und treue Bonke für mich sorgt und gelegentlich mit mir seine schlesischen Magnaten-Erinnerungen auffrischt, ist wirklich trostlos. Auch ist mit einem Mal der angenehme Selbstbetrug, dies alles sei ja nur ein Provisorium, mit rauher Hand entschleiert, wenn ich jetzt eine mich bindende Wohnung nehmen und Kochtöpfe kaufen muß – die ich überdies auch gar nicht bedienen kann. [...]

Heute träumte ich, ich hätte ein paar unserer alten Leute in Hamburg auf der Straße getroffen – sie umarmten mich, und wir alle weinten sehr: als ich aufwachte, war mein Kopfkissen ganz naß, und es liefen mir noch die Tränen aus den Augen. Ist das nicht merkwürdig? Ich habe nie gewußt, daß Traum und Realität so ineinander übergehen.

Alles Liebe Euch allen

Marion

[an Carl]

Hab Dank für Deinen Gruß, der mich wie ein Zauberstab berührt hat. Wie seltsam ist diese fast magische Wirkung, die vom menschlichen Wort ausgeht. Es ist schön zu wissen, daß es das gibt. Ich hatte gerade wieder einmal einen Sturz ins Bodenlose getan, wie es mir manchmal geschieht. Jener Sonntag, von dem Dein Brief datiert war, war ein trauriger regen- und tränennasser Herbsttag. Es war der Gedächtnistag für die Gefallenen und überdies Heinis Todestag. Ich war in einer kleinen Kirche, und der Pfarrer, der predigte, sprach von seiner ostpreußischen Heimat – er war bis 1948 in Kbg. gewesen, und man spürte, daß er in Abgründe geschaut hatte, und so wurde plötzlich alles wieder lebendig.

Ich dachte an die vielen, die nicht mehr da sind, und hatte das Gefühl, 100 Jahre alt zu sein und zu einer längst vergessenen Generation zu gehören. So als sei man allein übriggeblieben, als letzte irgendeines längst ausgestorbenen Indianerstammes von irgendeinem merkwürdigen Schicksal an eine ferne Küste verschlagen, wo man nun unter lauter Fremden lebe.

Dein Brief war die erste menschliche Stimme, die in dieser Einsamkeit wieder an mein Ohr drang, und dafür bin ich Dir sehr dankbar.

M.

Lieber Carl

[…] Denk Dir, was für ein Glück ich hatte: ich kam neulich von Süddeutschland gefahren, der Porsche war ebenso vergnügt wie ich, und da uns ein großer Wagen jagte, ließ ich ihn laufen, das letzte herausholend: der Tachometer zeigte 150. Lange jagten wir so dahin, schließlich wurde es mir zu dumm, und ich winkte dem Verfolger zu passieren. Drinnen saßen zwei riesige, große Kerle, die heftig gestikulierten und mir Unverständliches zuriefen. Ich hielt an, sie auch. Die beiden Riesen stiegen aus und kamen mit langsamen Schritten, hochgezogenen Schultern und hängenden Armen auf mich zugegangen, genau so wie der Athlet im Film auf den schlotternden Kapitalisten zugeht. Mir war ganz bange. Beide blickten mich finster an, denn herrschte mich der in einem urviehischen Bayrisch an: »Kennen S' noch schneller fahren?« – »Nein.« – »Mir a nit.« Da faßte ich mir ein Herz und sagte hochmütig: »Ja, wissen Sie wenn beide gleich schnell sind, dann entscheiden eben die besseren Nerven – ich hab halt sehr gute Nerven.« Woraufhin beide in ein so gewaltiges Gelächter ausbrachen, daß sie mir fast den Porsche von der Straße pusteten.

Und dann brachten sie ihr eigentliches Anliegen vor, das viel friedlicher war, als ich angenommen hatte:

1. sagten sie, ist der Ölstutzen abgerissen und hängt hinten heraus,

2. ist die rechte Tür nicht zu und

3. sollte ein Mädchen gar nicht so schnell fahren.

Nach diesen Feststellungen fuhren sie davon. Wieder mir selbst überlassen, fuhr ich mit unverminderter Geschwindigkeit weiter.

Nach etwa 30 km wurde es mir ungemütlich (wegen dem Ölstutzen), und obgleich es immer ein schwerer Entschluß ist, von der Autobahn herunterzufahren, wenn man es eilig hat, beschloß ich, den nächsten Ort und eine Werkstatt aufzusuchen. Im Moment, in dem ich in die Halle hereinfuhr, hörte ich einen komischen Laut, und der eine Pneu platzte. Ich dachte, ein Nagel vom Hof, aber nein, es war ein Durchschlag: die ganze Leinwand innen zerrissen. Ist es nicht rührend, daß das nicht 20 Min. früher passierte? […]

Alles Liebe Dir

Marion

ANHALTENDE Meinungsverschiedenheiten über die politische Linie der *Zeit* führen dazu, dass Marion Dönhoff 1954 unter Protest die Zeitung verlässt. Ausschlaggebend dafür ist der groß aufgemachte Artikel *Im Vorraum der Macht* von Carl Schmitt, der, befürwortet von Chefredakteur Tüngel, im Juli 1954 auf Seite drei erscheint. Sie erfährt davon während eines Kurzurlaubs bei ihrem Bruder Dieter in Irland und reist nach Hamburg zurück. In der Hamburger Staatsbibliothek trägt sie belastende Zitate des prominenten Staatsrechtlers aus dem »Dritten Reich« zusammen. Sie schreibt an den Chefredakteur Tüngel:

»Soll man ehemalige führende Nazis (oder sagen wir es neutraler: im damaligen ›Geistes‹-leben oder dem damaligen Apparat verantwortliche nationalsozialistische Persönlichkeiten) in der ZEIT schreiben lassen oder nicht? Ich verneine diese Frage, Sie dagegen sagen: Ja, man soll es … Wer [aber] den Geist des Nationalsozialismus gepredigt hat oder die Sprachregelung der Presse gelenkt hat, soll für alle Zeiten von der Mitarbeit an einer politischen Zeitung wie der unseren ausgeschlossen werden [...]«

DIE ARGUMENTE bewirken nichts. Marion Dönhoff räumt ihren Schreibtisch. Sie begibt sich auf Reisen durch die USA und Europa. Anschließend tritt sie ein sechswöchiges Praktikum beim *Observer* in London an, einer Sonntagszeitung, mit deren Chef David Astor sie befreundet ist.

25. Okt. 54

Lieber Carl

Nun liegt die erste Woche hinter mir, und ich muß Dir ein wenig berichten. Also, ich wohne in einer hübschen (sogar vornehmen) Gegend in einer Art Pension unterm Dach mit 1 qm Balkon davor. La patronne ist Gott sei Dank Deutsche, was mich nicht aus versetzten patriotischen Gefühlen erfreut, sondern einfach deshalb, weil man es andernfalls vor Schmutz nicht aushalten könnte. Es ist eine Art Studenten-Bude mit Gasflamme zum Kochen, was mich auf meine alten Tage mit Rührung erfüllt. Die Heizvorrichtung ist ein lebensgefährlicher nimmersatter Apparat, den man ständig mit 1-Shilling-Stücken füttern muß, um ihm dann für kurze Zeit eine riesige offene Gasflamme zu entlocken, die gierig ins Zimmer leckt. Da ich im entscheidenden Moment nie die richtigen Geldstücke da habe, friere ich viel – vor allem abends, wenn es zum Wechseln zu spät ist.

Morgens sause ich, wie am laufenden Band mit Tausenden von clerks und city-Leuten über Rolltreppen durch lange zugige Gänge eilend, von dämonisch lärmenden Untergrundbahnen befördert in die Fleetstreet-Gegend zum Observer.

Alle Leute im office sind nett und hilfreich, und ich studiere mit viel amusement die Parallelitäten und mit Interesse die Divergenzen. Ich bekam dort, trotz äußersten Platzmangels, ein eignes desk im Zimmer des Sportmenschen (ein netter, wohlerzogener und gescheiter Junge) zugewiesen und später ein Handtuch auf der Damentoilette – danach fühlte ich mich, meinen Kindern gleich, wie neu eingeschult. [...]

Ich bin sehr am überlegen, ob ich nicht die 4 Wochen, die mir zwischen meinem Ende hier und Weihnachten verbleiben, noch ähnlich nützlich verwenden sollte. Wobei sich zur Wahl anbieten entweder die Zürcher Ztg, weil ich sie für die beste Tageszeitung der Welt halte – so wie der Observer zweifellos die beste Wochenztg. ist – ich meine nicht für den Leser, aber für der Journalisten – oder ein Aufenthalt in Paris. Letzteres nicht aus journalistischen, sondern auch sprachlichen und politischen Gründen. Ich denke, es wäre sehr nützlich, einmal 4 Wochen dort zu sein, einige Menschen, die Atmosphäre, die Probleme, die Presse, das Parlament (ich war noch nie dort) kennenzulernen. Was meinst Du? [...]

Schreib mir, wie der Vortrag in Mannheim war, und was ist mit Bochum?

Alles Liebe

Marion

PS [...] Ich find's sehr schön, einmal in einer richtigen Groß-Stadt zu leben und genieße momentan alles sehr: das Leben, die Freiheit, den Job. Im Grunde bin ich Tüngel riesig dankbar.

Die Journalistin in den fünfziger Jahren

Lieber Herr Bucerius,

nun geht mein hiesiger Aufenthalt seinem Ende entgegen, und da wollte ich Ihnen doch noch einmal ein bißchen berichten. Ich finde es natürlich großartig hier, und in mancher Hinsicht ist es auch sehr lehrreich. Bei meiner derzeitigen Lebensform totaler Pflicht- und Verantwortungslosigkeit werde ich nur durch Anlehnung an ein Büro vor der kompletten Integration in die Anarchie bewahrt. So ein Büro, wenn man es nicht zum Arbeiten, sondern zum Schwätzen und Telefonieren verwendet, ist eigentlich eine ideale Erfindung. Es ist eine Rechtfertigung in sich selbst und enthebt einen darum aller moralischen Skrupel, denen die einzig Müßige in einer Welt ruheloser Geschäftigkeit sonst zweifellos ausgesetzt wäre.

Ich habe die East- und die Südostasien-Debatten im Parlament gehört, eingehend Chatham House studiert (die seit zwanzig Jahren ausschließlich Dokumente zur Geschichte der Nazi. soz. gesammelt hat). Ich habe mir die unbeschreiblich langweiligen Pressekonferenzen des F. O. [Foreign Office] angehört, gehe hin und wieder schöne Bilder ansehen, habe heute mit Sir Robert Moosely gefrühstückt, werde morgen mit General Templer dinieren. Gestern habe ich als einziger Christ (wenn man von einem total betrunkenen Iren absieht) bei Rix Löwenthal einen ungewöhnlich lustigen Abend verbracht. Er begann mit schwindelnder Geistesakrobatik in der dünnen Luft intellektueller Gespräche und endete mit lauten Gesängen englischer Volksweisen und jüdischer Hymnen. Sie sehen, ich führe ein sehr abwechslungsreiches Leben. [...]

Wenn man zurückdenkt, ist bei uns halt alles sehr unglücklich gelaufen. Die überzeugenden und amüsanten Schreiber Friedländer und Jacobi haben wir eingebüßt, und geblieben ist ausgerechnet Ernst Krüger und drei magenkranke, krätzebefallene, immer giftiger werdende alte Männer.

Schon von Paris aus gesehen und von hier nun noch viel mehr erscheint mir der politische Teil der ZEIT recht provinziell und sehr ichbezogen: in der Mitte ist Deutschland, drum herum ein bißchen Gemüse und an den Enden rechts und links die bd. Kraftblöcke USA und Rußland, die fasziniert auf D[deutschland] starren. Ich muß Albert Hahn recht geben, der mir in Paris sagte, es ist ein Unglück, daß Ihr so viele Abonnenten im Ausland habt. Er läse die ZEIT, die ihm offenbar unentgeltlich zugestellt wird, nur noch, wenn er sich ärgern wolle. Und immer wieder werde ich überall vorwurfsvoll auf die John-Artikel angesprochen. Es ist erstaunlich, wie seismographisch der Leser auf den falschen Ton reagiert. Damals, als der anfing, vor 1 1/2 Jahren, haben wir unsere getreuesten Freunde verloren.

Ich habe natürlich viel über alles nachgedacht, über das, was war und was sein könnte, und ich glaube, wenn Sie noch an Ihrem alten Plan festhalten, dann muß man sich darüber klar sein, daß man wirklich ganz neu und mit einer sichtbaren Zäsur neu anfangen muß. Es ist doch schon sehr viel verschüttet, viel good will vertan, viel Anhänglichkeit leichtfertig verspielt. Es geht jetzt nicht, wie Jupp [Josef Müller-Marein] einmal meinte, »den Uexküll brauchen wir nicht, da können Hühnerfeld und Lewalter gelegentlich helfen« – es muß mit einem ganz neuen Elan, mit neuen Namen, mit neuem Geist angefangen werden, sonst läßt man es lieber so, wie es jetzt ist, dann spart man sich wenigstens den Krach mit Tüngel.

Ja, und nun muß ich Ihnen noch etwas sagen, was Sie und Jupp hoffentlich recht verstehen werden oder wenigstens nicht falsch. Ich habe, wie gesagt, viel über alles nachgedacht, und es ist natürlich ein wirklich schwerer Entschluß, noch einmal wieder in einen Lebensabschnitt zurückzusteigen, den man bereits hinter sich gebracht hatte, und eine Sache anzufassen, die die meisten Leute, auf die es ankommt, mittlerweile für uninteressant und passé halten, und noch dazu das alles wahrscheinlich mit unzulänglichen Kompetenzen.

Mein Vertrauen zu Ihnen und zu Jupp ist groß, ich bin bisher noch nie an eine Grenze gestoßen. Auch glaube ich, daß die Freundschaft, die Jupp und mich verbindet, eigentlich jeder Belastung gewachsen ist, aber ich finde, man soll es nie darauf ankommen lassen. Wenn wir noch einmal alle zusammen anfangen, dann muß auch wirklich alles ganz klar und jede Möglichkeit von Unstimmigkeit ausgeschaltet sein. Die Konstruktion, daß eine Zeitung, deren Gewicht nun einmal bei der Politik liegt und liegen muß, wenn sie ihren alten Standard wiedergewinnen soll, von jemand geführt wird, der weder Interesse noch Erfahrung noch Eignung zur Politik hat, ist eine schwierige Sache, und ich sehe nichts Gutes daraus erwachsen. Auf der anderen Seite ist sonnenklar, daß Jupp der spiritus rector ist, derjenige, der weiß, wie's gemacht werden muß, dem was einfällt und der immer alle durch seine souveräne Heiterkeit miteinander versöhnt. Im Grunde glaube ich, daß wir ein ideales Gespann wären: Er hat all das, was mir fehlt, und ich bin für ihn vielleicht in einem unentbehrlich: in einer gewissen Stetigkeit und einem verhältnismäßig unbestechlichen Urteil, was Ton und politische Möglichkeiten bzw. Notwendigkeiten angeht.

Warum eigentlich machen Sie nicht Con-Dominis aus uns? Sie

müssen das einmal mit Jupp besprechen, vielleicht am besten ihm diesen Brief geben. Ich bin nach der handschriftstellerischen Leistung so erschöpft, daß ich ihm nicht auch noch schreiben mag. Die FAZ hat auch keinen Chefredakteur im alten Sinne, und sogar Moskau soll nach leninistischer Tradition wieder von einem Kollegium regiert werden. Oder Sie machen Dff. verantwortlich für Politik (oder Pol. und Wtschft., wenn sich kein 1. Mann findet) und für alles andere Jupp.

Ich hoffe, Ihnen beiden erscheinen diese Erwägungen nicht als ein später Machtrausch oder ein erpresserischer Größenwahnsinn. Ich habe während der ganzen letzten Wochen immer mal wieder in den verschiedensten Stimmungen und unter den versch. Aspekten über dieses Problem nachgedacht und bin mir jetzt ganz klar darüber, daß ich es nur machen kann, wenn ich ganz unabhängig bin. Ist man das nicht, dann müssen mit der Zeit zwangsläufig Komplexe entstehen, die die Zusammenarbeit beeinträchtigen. Sie müssen auch bedenken, daß ich mich andernfalls schlechter stehen würde als bisher, denn ich muß bei dem jetzigen Status auf meine Reisen verzichten, die doch ein sehr wesentliches Moment waren. Vielleicht meinen Sie, der Status mit Jupp als Chef sei ja doch ein anderer als der mit Tüngel, aber schließlich hätten die ersten Jahre mit Tüngel gar nicht angenehmer sein können. Damals geschah nichts in der Zeitung, worüber wir uns nicht einig waren, aber es gibt nun einmal keine Garantie für Beständigkeit – die einzige Voraussetzung dafür ist, wenigstens wenn man auf 2 Säulen bauen will, daß man sie beide gleich dick, gleich rund und gleich lang macht.

Marion Dönhoff

Die Leiterin des politischen Ressorts der Zeit

MARION DÖNHOFFS WEGGANG von der *Zeit* wird von Lesern und prominenten Zeitgenossen gleichermaßen bedauert und stößt auf Unverständnis. Gerd Bucerius sucht nach einer Lösung, Marion Dönhoff nach Hamburg zurückzuholen. Er beurlaubt Chefredakteur Tüngel. Ende Juli 1955 kehrt Marion Dönhoff in die Redaktion zurück, Bucerius überträgt ihr erneut die Verantwortung für das politische Ressort.

Im August begleitet sie Bundeskanzler Adenauer auf seiner historischen Moskaureise, über die sie in einem Artikel für die *Zeit* schreibt. Für ihre Familie beschreibt die Fünfundvierzigjährige ihre Eindrücke in einem Brief, den sie während der zweitägigen Bahnreise von Moskau nach Berlin schreibt.

Ihr Lieben,

ich sitze im Zug Moskau—Berlin und will die Gelegenheit nutzen, um Euch ein bißchen von dieser Reise zu erzählen, denn im Grunde denke ich immerfort an Euch und an zu Hause. Nur Ihr könnt Euch vorstellen, was das heißt, wieder einmal im Osten zu sein: die unendliche Weite, der lichtblaue, klare Herbsthimmel, die kühle, frische Luft, strahlende Sonne, Birken, die sich gerade verfärben und silberne Weidensträucher.

Ich sitze allein in einem riesig bequemen Schlafwagencoupé des fahrplanmäßigen Blauen Expreß: Moskau, Brest, Warschau, Berlin und rolle langsam gen Westen — zwei Tage und zwei Nächte: Wjasma, Smolensk, Dorogbush, Orscha, Borisow, Baranowitsche, jeder einzige dieser Orte aus ungezählten Heeresberichten quälend bekannt. Wie viele Erinnerungen werden wieder wach an Menschen, deren Namen niemand mehr nennt und die irgendwo in dieser Erde ruhen. Man rollt durch den Tag, durch die Nacht und immer das gleiche Bild: niedrige, graue Holzhäuser mit dunklem Strohdach oder Schindeln drängen sich zusammen, von ein paar alten Weiden beschattet. Nur der gemauerte Schornstein ist weiß. Sie stehen in dem verdämmernden Abendlicht in einer unendlichen graubraunen Landschaft. Es gibt keine richtigen Felder, keine Äcker zwischen Feldwegen, keine Beete, aber hin und wieder ist die ganze Landschaft umgepflügt, kilometerweise, und dann kommt wieder für viele Stunden eine Art Lüneburger Heide: Grasland mit kurzen Büschen und dazwischen junge Birken. Und wenn man am Morgen aufwacht und herausschaut, dann ziehen immer noch diese verlorenen, unendlich rührenden grauen Hütten und Schober an einem vorbei. Gänse weiden davor, ein paar

Frauen mit weißen Kopftüchern graben Kartoffeln. Im Vorgarten stehen große Sonnenblumen. Und dann wieder endlose Weite, durch die gelegentlich einmal ein Panjewagen zieht. Am Himmel kreisen riesige Schwärme von Krähen, die sich sammeln.

Östlicher Herbst, bald weiß man gar nicht mehr, was das ist. Erst jetzt, da ich diese Bilder wiedersehe, weiß ich wieder, wonach man sich die ganzen Jahre gesehnt hat und was man eigentlich vermißt. Ihr könnt Euch nicht vorstellen, wie heimatlich diese Landschaft einen anmutet. Dieses Leben in der Weite, dieses Verlorensein in der großen Natur, fern jeder Stadt. Diese Menschen, die so gottergeben, so rührend anspruchslos und gefügig in ihrer armseligen Kleidung unter diesem großen Himmel dahinwandern, irgendeiner bescheidenen Kate entgegen.

Generationen haben so gelebt und werden so leben. Wahrscheinlich glaubt hier niemand, das er nächstes Jahr das Doppelte verdienen müsse oder in zehn Jahren ein neues Haus bauen werde. Es ist alles sehr armselig, aber die Menschen sind dabei wohl auch nicht unglücklicher als unsere, die gejagt sind von der Vorstellung, mit heraushängender Zunge hinter dem steigenden Lebensstandard herjagen zu müssen. [...]

Wenn ich das heutige Moskau mit dem von 1940 vergleiche, so fallen verschiedene Dinge sehr ins Auge. Erstens ist unvorstellbar viel gebaut worden. Allein acht riesige Hochhäuser, die der Stolz der Moskowiter sind. Das größte, die neue Universität, ist 240 Meter hoch und 500 Meter lang. Sie soll übrigens alles in allem über 30 000 Angestellte haben – ich weiß nicht, ob das stimmt. Zweitens, die Menschen sehen besser ernährt und gekleidet und sehr viel unbeschwerter aus als 1940. Damals flogen die Angehörigen der deutschen Botschaft, wenn sie Zahnschmerzen hatten, nach

Riga – nicht etwa, weil die Zahnärzte in Moskau schlecht waren, sondern weil man es keinem zumuten konnte, einen Fremden zu behandeln, das wäre bei irgendeiner Gelegenheit ein Verhaftungsgrund oder -vorwand geworden. Heute hingegen kommen Russen ungeniert ins Hotel und besuchen einen dort. Seit Stalins Tod ist offenbar alles anders geworden. Als bei der Ankunft Adenauers auf dem Flugplatz er und Bulganin von westlichen Journalisten eng umdrängt wurden, sah die Polizei ganz verzweifelt aus, weil sie sich an diese neuen Sitten noch nicht gewöhnt hatte.

Für uns wiederum war es schwer, sich an den Moskauer Stil zu gewöhnen. Alles, auch die meisten modernen Gebäude, sehen aus, als ob sie um 1900 gebaut wären. Der bevorzugte Stil dort entspricht unserem Klassizismus und dem Jugendstil. Das Hotel Sowjetskaja, das erst nach dem Krieg gebaut ist und das für Adenauer geräumt worden war (eine Hochachtung, die noch keinem anderen zuteil geworden ist), ist innen weißer Marmor mit grünem Malachit und einer Barocktreppe, hat oben an der Decke eine bunte Stuckgirlande, während in den Zimmern dunkle Farben vorherrschen; viel Plüsch, sehr massive Möbel, die Bilder hängen alle eine Handbreit unter der Decke und stellen Herbstlandschaft dar oder Alpenglühen. In den ganz feinen Räumlichkeiten, z. B. im Appartement des Kanzlers, stehen ein braunes Holzklavier, Palmen, Plüsch und Nippes. In einem Wort, massiver Spieß und schlichter Prunk. […]

Wenn ich vom konkret Politischen absehe, so war für mich eigentlich der Haupteindruck: es gibt keine Brücken – es ist eine andere Welt. Wer je das Allerheiligste des Sowjetreiches betreten und die Glassärge von Lenin und Stalin gesehen hat, dem wird deutlich, was das eigentlich ist: historischer Materialismus; was das bedeutet, daß es keine außergeschichtliche Wahrheit gibt. Denn es zählt ja nur die Materie im dialektischen Materialismus. Geschichte ist ein vorausbestimmbarer physikalischer Prozeß. Geschichte ist die einzige Existenzform des Menschen und darum der einzige Maßstab für Gut und Böse. Alles Transzendente muß geleugnet und vernichtet werden, um die Materie zum historisch bestimmenden Prinzip zu erheben. An etwas Transzendentes glauben heißt, den Kommunismus verraten – das war bei Hitler und den Nationalsozialisten ja auch schon so.

Dieses Mausoleum auf dem Roten Platz, das ist Nazareth und Gethsemane zugleich. Seit 30 Jahren zieht ein tiefgläubiges Volk an der wächsernen Reliquie, die dort im Schein einer Ewigen Lampe aufgebahrt ist, vorbei. Jeden Tag, seit 30 Jahren, steht eine Schlange von 400 bis 800 Metern Länge vor dem Eingang und wandert wie ein endloser Ameisenzug durch diesen Zauberberg. Das hat der Kommunismus mit dem Christentum gemein, er kennt sein Endziel und ist von der ausschließlichen und allein seligmachenden Qualität seiner Doktrin überzeugt. Er verfolgt sein Endziel mit allen Mitteln und mit unbeirrbarer Konsequenz. [...]

Ihr Lieben, das ist ein sehr langer Brief geworden, aber ich wollte doch gern einiges für Euch memorieren, ehe alle Eindrücke wieder von neuen Ereignissen überlagert werden. Was zu den konkreten deutsch-sowjetischen Verhandlungen (wie mir scheint) zu sagen ist, habe ich in die Zeitung geschrieben. Übrigens war ich der einzige Mensch, der diese Reise und ihr Ergebnis negativ beurteilt – nein, das haben wohl auch noch andere, aber jedenfalls der einzige, der das geschrieben und Adenauer scharf angegriffen hat. Darum waren alle in der Redaktion sehr besorgt, als einige Tage danach ein Brief vom Bundeskanzler auf meinem Schreibtisch lag. Es wird Euch amüsieren zu hören, daß er schrieb, er habe den Artikel mit großer Aufmerksamkeit gelesen und habe den Wunsch, einmal über den ganzen Fragenkomplex mit mir zu sprechen, wann ich wohl das nächste Mal in Bonn sei?

Nun lebt alle wohl, nah und fern und ganz fern, und seid umarmt –

Marion

ZEITEN DER RUHE und Einsamkeit sind für die vielbeschäftigte und häufig reisende Journalistin inzwischen kostbar geworden. Den Jahreswechsel 1956/57 verbringt sie allein in ihrem Häuschen in Blankenese, in das sie nach ihrer Rückkehr aus England gezogen ist.

31. XII. 1956

Lieber Carl

ich habe alle Freunde hintergangen, überall mit der Begründung, längst verabredet zu sein, abgesagt und mir so einen stillen Silvesterabend erschmuggelt. Mein Bedürfnis nach Alleinsein ist immer dann besonders groß, wenn es andere zu so einer Art rheinischer Fröhlichkeit drängt, die mir im Tiefsten fremd ist.

So habe ich es still und friedlich hier oben über meiner Elbe, und weil ich gern mit einem alten Bekannten schwätzen wollte, las ich Karl V. noch einmal. Das ist doch eine ganz, ganz großartige Darstellung – auf diesen wenigen Seiten wird die strenge Größe dieser »gestuften« Welt, die Weite der Konzeption des Kaisers, diese Identität von Individuum und Institution so greifbar deutlich wie in den vielbändigen Werken früherer Autoren nicht. Weißt Du, darüber liegt so ein Glanz goldener Reife, und dahinter spürt man die Summe eines umfassenden Wissens, im Sinne von Verstehen und Gewißheit. Wie schön die paar Sätze, die dort über die Ehre stehen: »Das Gesetz der überindividuellen Ehre.« Ich habe das Gefühl, die Vorlesung eines langen Semesters eben in mich aufgenommen zu haben, nur daß es nicht in einer langen, ein wenig mühsamen Aneinanderreihung von Wochen geschah, sondern in einer glückhaften, erfüllten Stunde, in der jemand mit kundiger Hand einen Vorhang beiseite zog und man einen Blick tun konnte auf die große Landschaft der menschlichen Geschichte und die »hohen Bilder«, die ihre Leitsterne waren.

Herrgott, was könnte ich alles lernen von Dir! Und ich glaube, ich wäre kein schlechter Schüler – es gibt ja nicht so viele, an die man etwas weiterreichen kann. Im Moment mag es verschwendet erscheinen, weil ich so sehr hingegeben bin an meinen ephemeren Beruf (aber wenn ich da etwas Vernünftiges geleistet habe, dann werde ich Wichtigeres tun, hoffentlich), aber ich denke manchmal, daß irgendwo in einer verborgenen – jetzt nicht beackerten – Schicht sich inzwischen die Schätze ansammeln, auf die ich dann zurückgreifen werde. Aber wenn ich darüber nachdenke, finde ich es eben einfach traurig und im Grunde unverantwortlich, daß ich die Gelegenheit, von unserer Freundschaft zu profitieren – ja wirklich richtig: »Profit zu ziehen« – nicht mehr wahrnehme. Sicher hat selten ein »Erblasser« einen des Erbes so begierigen Jünger gehabt – der auch noch dazu seine Sprache versteht.

Jetzt beginnen die Glocken zu läuten, und alle Schiffe, die im Hafen liegen, erheben zugleich ihre dunklen, unheimlichen Stimmen – es klingt, als wäre im Urwald eine ganze Meute von

Raubtieren auf einmal in ein wildes, drohendes Höllengeheul aus-
gebrochen, dazwischen die christlichen Glocken: das ist so recht
eine Mischung symbolischen Charakters.

Nun ist also das neue Jahr angebrochen, und ich schreibe zum
1. Mal: 1. Jan. 1957! Was wird es uns bringen, dieses Jahr?

Alles Liebe und Dank für den Gruß aus Baden-Baden

Marion

6. Nov. 1957

Lieber Carl

[…] Ich habe gerade Heinis Kinder für die Herbstferien hier – wir
wohnen zu viert in meinem winzigen Häuschen, und alles steht
auf dem Kopf – für 14 Tage! Aber ich find's sehr schön und amüsant. »Kinder« ist übrigens gut, die beiden Jungen sind 1.90, und
der Einzige, der in diesem Kreis infantil und zwergenhaft wirkt,
bin ich. Faszinierend ist es, in ihnen, in immer neuen Variatio-
nen, Heini wiederzuentdecken: plötzlich eine bestimmte Kopfbe-
wegung, gewisse Gesten, eine ganz besondere Art zu lächeln, so
zwischen belustigt und geniert – es ist wirklich richtig aufregend,
einen so sehr geliebten Menschen in so vielfältiger Abwandlung
zu erleben und wieder zu begegnen.

Übrigens, die Briefe – bitte, schick sie mir ja nicht, ich wüßte gar
nichts damit anzufangen und fände es nur irgendwie peinlich. Es
fiel mir nur neulich im Schreiben ein, daß meine gelegentlichen
Lebensäußerungen an Dich meine einzige Chronik sind, die mit
70 Jahren, »im Ruhestand«, zu studieren vielleicht ganz lustig
wäre. Mit »Selbstzweck« meinte ich nur, daß man, wenn man einen Brief schreibt – wenigstens ich –, das ganz gern dazu benutze,
mir selbst über irgendetwas klar zu werden, worüber ich sonst

geneigt bin, hinwegzudenken. So wollte ich neulich eigentlich klären, warum das Leben auf dem Land so schön ist – aber dann stellte sich heraus, daß das nicht ging, weil ich's wohl erfühle, aber nicht formulieren kann. […]

Jetzt muß ich stürzen, um noch zum Don Carlos (Verdis) zur Zeit zu kommen, die Kinder warten schon.

Alles Liebe

Marion

MARION DÖNHOFF ist in einer ländlichen Umgebung aufgewachsen, zu der auch der tägliche Umgang mit Tieren gehörte. Besonders die geliebten Pferde pflegte sie in ihrer Kindheit unter Anleitung des Kutschers Grenda. Nun hat sie in Hamburg-Blankenese einen neuen Hausgenossen: Basra, eine junge Boxerhündin, die ihr Herz erobert hat. In ihren Briefen an Carl Jacob Burckhardt hält sie den Freund regelmäßig über die Entwicklung der Hündin auf dem Laufenden.

Sonntag, den 8. 2. 1958

Lieber Carl,

Dies ist ein denkwürdiger Tag: Ich habe Basra, die junge Boxerhündin, abgeholt. Einstweilen gleicht sie mehr einem Sprengwagen, der durch alle Zimmer des Hauses fährt und in schöner Gleichmäßigkeit alle Teppiche bewässert, als jener Idealgestalt von Stubenreinheit, als die sie ihre bisherige Besitzerin mir schilderte. Augenblicklich liegt sie auf meinem Schoß, hängt ihren Kopf über meinen schreibenden Arm und schnarcht wie ein Wachtmeister.

Ich denke, in ein paar Tagen werden wir aneinander gewöhnt sein, und sie wird den Kummer über die verlorenen Spielgefährten vergessen haben, und ich werde mir nicht mehr vorstellen können, wie ich so lange allein leben konnte. Als ich mit ihr bei Jacob vorbeifuhr, zeigte mein Tachometer 12 021, das ist doch gewiß ein gutes Omen. [...]

[...] Heute jährt sich der Tag, an dem Basra in mein Haus einzog, das ohne sie schon gar nicht mehr vorstellbar ist. Sie ist wirklich der lustigste Hund, den Du Dir denken kannst, von einer ganz unerschöpflichen Lebensfreude und Energie. Du solltest sie rasen sehen auf unseren Spaziergängen – wie ein Windhund beim Rennen, und wenn wir nach 3 Stunden Sonntagsspaziergang zurückkommen, dann sammelt sie im Wald armdicke, 3 m lange Äste auf, schleppt sie mit und kämpft mit ihnen wie Don Quichotte mit den Flügeln der Windmühle.

Wirklich, Basra ist ein Musterstück an Temperament, Intelligenz und Zärtlichkeit und natürlich auch an Schönheit – damit Du Dich von letzterem selbst überzeugen kannst, schicke ich Dir ihr Photo. Das einzige, was sie nicht besitzt, ist der Sinn für Wachsamkeit. Über jeden Fremden ist sie begeistert. [...]

[...] Weißt Du, was passiert ist: Basra hat einen illegitimen, schwarzen, kraushaarigen Bastard zur Welt gebracht – ich bin sozusagen nichtsahnend Großmutter wider Willen geworden. Es war dramatisch, ausgerechnet am Montag, wo ich meinen Artikel schreiben muß. Ich hatte Chruschtschows 2stg. Rede angehört und darum viel zu spät begonnen, erst so gegen 10 Uhr abends. Kurz vor Mitternacht höre ich plötzlich Basra im Badezimmer

Ein neuer Hausgenosse: Basra, die Boxerhündin

japsen, als hätte sie einen 10-km-Lauf hinter sich. Ich stürze hin, finde sie zitternd und ganz steif hinter der Badewanne verkrochen.

Mein erster Soupcon: »Nun kriegt das Biest doch Junge«, on second thought: nein, unmöglich – der Tierarzt hat erst vor 3 Tg. gesagt, »niemals ist die tragend«. Also womöglich Staupe? Ich die Basra aufgepackt und trotz später Stunde zum Tierarzt gefahren. Der war am Tag vorher umgezogen und die spärlichen nächtlichen Passanten hatten keine Ahnung, wohin. Na, schließlich fand ich ihn, klingelte ihn heraus, und 10 Min. später blieb nur noch die Ungewißheit, wie viele Bastarde es wohl sein würden. Webersche Nr. 2, eine Kolossal-Matrone, lehnte daheim, den Blick starr auf uns beide gerichtet, an der Küchenwand wie eine tragische Wagnersche Gestalt – plötzlich schlug sie die Hände vors Gesicht und beichtete unter Tränen die Geschichte eines schönen, aber wie sie sagte listenreichen und bösen schwarzen Pudels. Es ging ihr wesentlich mehr zu Herzen, als wenn ihr selbst ein Malheur passiert wäre.

Es ist also nur eins, und Basra ist wie eine Furie, geradezu hysterisch. Ich habe noch nie eine so enragierte Mutter gesehen. Sie frißt nur, wenn man ihr den Napf in den Korb stellt und ist 24 Std. damit beschäftigt, das Scheusal vorn, hinten, oben und unten zu belecken. Es kommt überhaupt nicht zum Schlafen und ist manchmal ganz verzweifelt, das arme Ding. [...]

[...] Mein Enkel: Basras Fehltritt ist ein zauberhaftes Tier geworden. Ein wilder, total schwarzer Teufel, der voller Zärtlichkeit und bemerkenswerten Einfällen steckt und unglaublich intelligent ist, wie alle Bastarde. Wozu gibt man sich eigentlich so viel Mühe, rassereine Dummköpfe zu züchten? Die beiden – Mutter und Kind – haben von früh bis nachts herumgetobt, und Basra ist wieder schlank und fit wie ein junges Mädchen. Alle Leute waren begeistert von diesem Paar, und die Spitzen des öffentlichen Lebens haben sich um die Hand der Tochter – sie heißt Mouschka – geschlagen. Die Hauptrivalen am Schluß waren Carlo Schmid und der englische Generalkonsul. Frau Webers Kommentar: »Ich hätte nie gedacht, daß unsere Mouschka so 'ne Carriere machen würde.« Schließlich blieb der Engländer Sieger und holte sie zu Weihnachten ab. Frau Webers Nachfolgerin berichtete heute: »Basra hat den Abschied mit bewundernswerter Fassung ertragen.« [...]

DAS SPEKTRUM DER BRIEFE an Carl Jacob Burckhardt reicht von den Dingen des Alltags bis hin zur hohen Politik. Fünfzehn Jahre nach Kriegsende wird auch für Marion Dönhoff, wie für viele andere Deutsche, die Frage nach der politischen Haltung hinsichtlich der ehemaligen deutschen Ostgebiete immer dringender.

Ostern 1959 (29. 3.)
Vinsebeck

L. C.

[...] Ein Problem, das mich bis in meine Träume beschäftigt, ist das unserer Ostgrenze. Man hat es seit Jahren »verdrängt«, aber jetzt rollt es unausweichlich auf uns zu. Und die Leute sind dem gar nicht gewachsen. Millionen von Menschen, die wie Frau Weber 2 × im Monat zum »Heimabend« gehen (mit dem ganzen Nachwuchs), Erinnerungen auffrischen, pommersche Lieder singen, Photos von Kolberg, Köstlin, Stettin austauschen und jede Nachricht von »zu Haus« gierig aufnehmen und weitergeben, solche Leute sind einfach nicht darauf vorbereitet, daß ihnen eines Tages mitgeteilt wird, sie sollen auch das noch über Bord werfen. Und dann gibt es andere, die können das alles gar nicht rasch genug abschreiben; wahrscheinlich, weil sie meinen, dadurch die östlichen Nachbarn zu versöhnen und auf diese Weise den eigenen Lebensstandard ein bißchen länger genießen zu können. »Es hat sich ja gezeigt, daß wir diese Gebiete gar nicht brauchen«, sagte neulich S. zu mir. Mein Versuch, ihm klarzumachen, daß »brauchen« für die Geschichte keine Kategorie ist, hat er, glaube ich, nicht verstanden. »Warum trägt man der Realität nicht endlich Rechnung, warum verzichtet man nicht endlich auf die Ostgebiete?« So fragen Engländer, deutsche Intellektuelle, Geschäftsleute von Rhein und Ruhr.

Ich denke immer, es gibt eine Verantwortung vor der Geschichte – wie kann eine einzelne Generation überhaupt für alle Zukunft auf etwas verzichten, das in 700 Jahren mit unendlich viel Blut, Schweiß und Tränen erworben und erhalten und verteidigt wurde? Unser Parlament und die Regierung haben mehrfach und in aller Form erklärt, sie würden »niemals den Versuch machen, sich diese Gebiete mit Gewalt wieder zu beschaffen«. Kann man mehr tun, muß man mehr tun?

Ich wäre bereit, mit den Polen, die das angeht, über die Grenze zu verhandeln, aber mit den Russen?

Bitte, Carl, mir ist dies alles sehr wichtig, schreib mir Deine Ansicht. Was Du zu dem konkreten Problem denkst und wie man, wie die Großen der Geschichte solche Fragen geregelt haben – abgesehen von den mir bekannten Regelungen: stark werden, sich mit Dritten verbünden und dann das Geraubte wiederholen. Das sind leider anachronistische Lösungen im Zeitalter der Atombombe.

Wie auf Verabredung hat die ganze deutsche Presse (oft schweren Herzens) zu diesen Fragen geschwiegen. Das geht nun nicht länger, und es ist wichtig, daß wenn es jetzt losgeht, die Weichen von vornherein richtig gestellt werden. In gewisser Weise wäre es vielleicht an mir, den ersten Schritt zu tun. Und die meisten Leute (sogar die von der Konkurrenz) würden mir dieses »Recht« auch wohl einräumen. Bitte, laß mich doch möglichst umgehend Deine Meinung wissen.

Alles Liebe,

Marion

IN DEN FOLGENDEN JAHREN wird die Journalistin zu einer der wichtigsten publizistischen Wegbereiterinnen der deutschen Ostpolitik Willy Brandts, wofür sie später den Friedenspreis des Deutschen Buchhandels erhält. Ein Befürworter dieser Politik ist auch George Kennan, Diplomat, Historiker, Sowjetspezialist. Marion Dönhoff kennt ihn seit 1955. Neben Carl Burckhardt wird Kennan der wichtigste Briefpartner und ein lebenslanger Freund. Marion Dönhoff schreibt ihm am Vorabend einer großen Reise nach Afrika.

Lieber George,

[...] Wie immer vor solchen Reisen bin ich erfüllt von einem Gefühl heimlicher Nervosität – eine Mischung von Erwartung, Me-
lancholie und Bangigkeit. So eine Art frohlockender Sehnsucht
nach Ferne und zugleich Wehmut über das Verlorensein in einer
Welt, die man als Fremdling und Eindringling durchreist.

Wissen Sie, was sehr nett von Ihnen wäre, George: Im Osten
ist es üblich, daß Freunde einem ein Wort auf den Weg mitgeben – einen Vers oder irgendeinen Satz, der einen beschützt. Ich
habe sehr den Wunsch, solch ein Zettelchen von Ihnen mit auf
die Reise zu nehmen – ob Sie mir ein Wort schicken? Vielleicht
schreiben Sie auf den Umschlag: Bitte nachsenden, falls ich schon
unterwegs sein sollte, das Büro hat meine Adresse. [...]

Sehr viele gute Gedanken und herzliche Grüße

Marion

15. Dez. 1959

Lieber George,

als ich am 2. Dez. (es war gerade mein Geburtstag) morgens um
7 Uhr auf dem Weg zum Flugplatz noch am Pressehaus vorbeifuhr,
um meinen Wagen einzustellen, gab mir der Portier Ihren Brief,
der gerade gekommen war. Bei meiner Vorliebe für irrationale
Zufälle und Beziehungen habe ich das natürlich für ein Zeichen
besonderen Wohlwollens der Götter genommen und mich dessen
herzlich gefreut.

Tausend Dank, mir sind beide Verse besonders nah. Ja, Sie verstehen das natürlich, daß man froh und traurig zugleich sein kann –

erwartungsvoll und beklommen – in meiner Redaktion würde ich nie wagen, etwas darüber zu sagen.

Übrigens war ich in Dakar einen Abend bei Watsons eingeladen, ich hatte ihn im Konsulat getroffen, und wir hatten uns gut verstanden. Plötzlich hatte ich an jenem Abend das Gefühl, so stark an Sie erinnert zu werden, daß ich einfach nicht anders konnte, als ihn zu fragen, ob er Sie wohl kenne – und dann erfuhr ich, daß Sie beide wirklich sehr eng miteinander befreundet sind. Komisch.

Ich sitze seit 27 Stunden im Zug und reise gen Osten in den französischen Sudan. Draußen rollt eine nie endende, geschichtslose Landschaft vorüber: hohes gelbes Gras, Buschwerk, einzelne Bäume, gelegentlich am Horizont eine blaue Linie ferner Hügel und dann und wann ganz verloren in dieser weltweiten Einsamkeit ein paar runde Lehmhütten mit Grasdach.

De Gaulle, der hier sehr entscheidende Beschlüsse fassen mußte, war entgegen meinen Erwartungen eher eindrucksvoll. Ich lerne die hiesigen Probleme verstehen, aber von dem, was in der Welt vorgeht, weiß ich nichts – nichts von Eisenhowers Reise, von Nato, Wiedervereinigung, Oststaaten … Merkwürdig, wie jeder Kontinent seine eigene politische Umwelt hat. Es ist immer gut, das von Zeit zu Zeit festzustellen, sonst würde man die eigene zu sehr verabsolutieren.

Mir ist gar nicht nach Weihnachten zu Mute, aber zum Neuen Jahr wünsche ich Ihnen sehr von Herzen viel Gutes: Freude, Befriedigung, Stetigkeit und mir ein gelegentliches Wiedersehen. Marion

MARION DÖNHOFF ist drei Monate lang unterwegs. Sie bereist den gesamten Kontinent, schreibt diverse Reportagen und politische Artikel für die *Zeit*. Inzwischen ist George Kennan von seinem Botschafterposten in Belgrad nach Princeton zurückgekehrt, wo Marion Dönhoffs Neffe Hermann Hatzfeldt studieren wird.

Hamburg, 14. Sept. 1963

Lieber George,

es ist ein wunderschöner, warmer Sonn- und Spätsommertag: Ich sitze unter einem Apfelbaum in meinem Garten und las den ganzen Tag im »Sowjet-American-Relations«; anfänglich, weil ich eine bestimmte Stelle suchte und dann, weil ich nicht mehr aufhören konnte.

George, das ist die großartigste politische Geschichtsschreibung, die in unserer Generation geschrieben wurde. Nein, viel mehr: Es gibt in deutscher Sprache nichts Vergleichbares. Ranke ist verglichen damit stellenweise doch provinziell. Jacob Burckhardt? In weltgeschichtlichen Betrachtungen – und auch die Briefe sind großartige Weissagungen und farbige Detailschilderungen –, aber sein Interesse ist doch mehr die Kulturgeschichte als die politische Geschichtsschreibung.

Es war ein Sonntag, der mich ganz glücklich gemacht hat. Aber es war nicht nur die Idee dieses Briefes, dafür zu danken, sondern ich wollte vor allem sagen, wie froh ich bin, Dich wieder in Princeton zu wissen. Sicher war es interessant, wieder einmal zu agieren und nicht nur zu kontemplieren und zu betrachten (obgleich man sich fragt, wie groß in der modernen Gesellschaft der Spielraum zu handeln eigentlich ist), aber Deine unersetzliche, nicht auswechselbare Begabung liegt doch in Princeton. Ich meine damit, in der Möglichkeit, diese so ungeheuer seltene Mischung von schriftstellerischer, nein, dichterischer Anlage mit politischer Erfahrung und geschichtlichem Wissen zur Auswirkung gelangen zu lassen. Pardon für diesen Erguß, aber ich bin ganz erfüllt von meiner sonntäglichen Lektüre.

Meine Gedanken werden jetzt oft in Princeton sein, weil Hermann jetzt dort studieren wird. Ich habe ihn gestern in Cuxhaven ans Schiff gebracht – traurig darüber, daß er, mit dem mich so viel verbindet, nun so weit fort ist, froh weil ich weiß, daß er die beste Ausbildung erhalten wird, die man in der zweiten Hälfte des 20. Jahrhunderts irgendwo in der Welt erhalten kann. Es lohnt sich bei ihm. Er hat bereits zwei Semester in Basel studiert, weil ich wollte, daß er auf einer kleinen Universität sich konzentrieren lernt und war dann 9 Monate in Afrika.

Ich habe Hermann mein Buch für Sie mitgegeben. Zwar hatte ich Ihnen gleich nach Erscheinen vor einem Jahr ein Exemplar geschickt, aber das ist wohl nie angekommen – falls aber doch, so soll dies keine Aufdringlichkeit sein, sondern nur der Versuch, die Unzulänglichkeit der Post zu kompensieren.

Hier geisterte ein Fernseh-Interview von Ihnen – gleich nach der Rückkehr – durch die Presse mit Stellungnahmen zur Deutschlandfrage, Anerkennung der DDR, Einschätzung Chruschtschows etc. Nirgends im Zusammenhang, überall nur Bruchstücke, die jeder nach seiner Laune verwandte, das Ganze damit wahrscheinlich entstellend. Gäbe es eventuell die Möglichkeit, daß Sie Ihre damaligen Äußerungen – in einem Guß – uns zum Abdruck zur Verfügung stellten oder das gleiche als Aufsatz überarbeiten?

Ich war in der Mitte unterbrochen worden und stelle beim Durchlesen fest, daß der Brief aus zwei Hälften besteht: einer »Du«-Hälfte, einer »Sie«-Hälfte; das nächste Mal schreibe ich in Englisch, damit das nicht wieder vorkommt.

Alles Liebe

Marion

6. X. 64

Lieber George,

oft habe ich an die Tage Deines Hamburger Aufenthalts zurückgedacht. Es war so schön, einmal in Ruhe zusammen Bilder ansehen, spazieren gehen und über vieles reden zu können. »Vieles« stimmt eigentlich nicht, denn komischerweise kommen wir ja nie von Politik und Geschichte weg.

Ich bin sehr bald danach zu meiner Reise nach Ost-Europa aufgebrochen und kam nicht mehr dazu, ein Wort zu schreiben, aber ich habe an manchem unserer Gespräche weitergesponnen. Beispielsweise mich gefragt, ob eigentlich die Art, in der man heute Geschichte quasi als Naturwissenschaft betreibt, so, als handele es sich um eine reine Wissenschaft, noch sinnvoll ist. Vielleicht hat man in den Zeiten vor der Säkularisierung, als es noch die Vorstellung eines »Herrn der Geschichte« gab, der mit Feuer und Schwefel und Krieg Gericht hielt und die sündigen Menschen heimsuchte, weit mehr von den wahren Zusammenhängen gewußt. Also: »Geschichte nicht als Ursache und Wirkung, sondern als Schuld und Sühne«.

Auch im Urlaub nie ohne Zeitung

Meine Reise war phantastisch interessant. In diesen Ländern ist eine Entwicklung in Gang gekommen, die aufregender ist als alles, was ich seit langem sah. Mir scheint, der Kommunismus ist dabei, Selbstmord auf Raten zu begehen: ohne es so recht zu bemerken, wird ihm paradoxerweise sein Ehrgeiz, den Kapitalismus wirtschaftlich zu überrunden, zum Verhängnis. Er adaptiert Stück für Stück wesentliche Teile des kapitalistischen Wirtschaftsmechanismus. So schwärmen die Kommunisten von Rentabilität und räumen damit dem Profit und also Angebot und Nachfrage, d. h. dem Marktmechanismus, nach und nach einen Gutteil der Kompetenzen ein, die eigentlich dem staatlichen Planungsamt zustehen. Und da in der modernen Wirtschaft doch wohl der die Macht hat, der bestimmt, wann, wo und wieviel investiert wird, könnte man sich vorstellen, daß die politischen Führer allmählich auf kaltem Wege entmachtet werden.

Wenn wirklich in Zukunft der Markt, und das heißt doch die Bürger, jene Entscheidung treffen, dann muß die politische Führung an Einfluß abnehmen. Es ist interessant zu sehen, wie nach der 1. Phase der Entstalinisierung, dem politischen Revisionismus, jetzt die 2. Phase des wirtschaftlichen Revisionismus begonnen hat. Ich glaube, es könnte leicht sein, daß sie unendlich viel schwerwiegendere Konsequenzen zeitigt als die 1. Phase.

Dies ist mein letzter Ruhetag und damit die letzte Gelegenheit, einen Brief in Ruhe zu schreiben und Dir noch einmal zu sagen, eine wie große Freude es war, Dich in Hamburg zu haben.

Sehr herzlich grüßend

Marion

Die Chefredakteurin in ihrem Büro

IM JAHR 1968 wird Marion Dönhoff Chefredakteurin der *Zeit*. Sie schreibt an ihren Verleger Gerd Bucerius, der sich in seinem italienischen Urlaubsort Brione aufhält.

26. August 1969

Lieber Buc,

Ganz rasch ein paar Bemerkungen zu Ihrem Brief (vom 22. August), der heute hier einging.

Das Bild von Princess Anne: Ich glaube, unsere Leser hätten sich ganz schön gewundert, wenn wir am Donnerstag das Bild von diesem Mädchen gebracht hätten, das am Freitag der vorangegangenen Woche in allen englischen Zeitungen war. Ich frage mich, ob Sie manchmal vergessen, daß wir eine Wochenzeitung sind, und sich darum wundern, wenn das, was Sie am Donnerstag in Brione lesen, in der ZEIT, die Sie am Freitag bekommen, nicht enthalten ist.

Wir ließen systematisch das Herz aus dem Spiel? Ich frage mich, warum ich dann regelmäßig jede Woche Briefe von Gefängnisinsassen und Verrückten bekomme, die überzeugt sind, ich könnte all ihre Sorgen wegblasen. Auch verstehe ich nicht recht, was der Satz bedeutet, »die Politik muß mehr auf die Einfalt der Menschen zugeschnitten sein«. Ich dachte, wir lebten im Zeitalter, da es um Ratio, Aufklärung und Bewußtmachung geht und machten eine Zeitung, deren Leser gerade dies von uns erwartet.

Wenn es wirklich so weit gekommen ist, daß wir uns an Bertelsmann ein Beispiel nehmen sollen, dann, glaube ich, vergeht jedem einzelnen in dieser Redaktion die Lust am Arbeiten, und das ist gerade das, was wir bisher vor anderen voraus hatten.

Sie sagen mit Recht, daß man möglichst viel news bringen müßte; aber das ist nun einmal in einer Wochenzeitung, die sechs Tage in der Woche unaktuell sein muß und es nur mit einem 16-Stunden-Tag schafft, am 7. aktuell zu sein, äußerst schwierig. Wir müßten dann an den wesentlichsten Punkten im Ausland eigene Korrespondenten haben und nicht in Untermiete beim Funk sein, und wir müßten einen ganzen Stab von Rechercheuren in der Zentrale haben. Kurzum, die Redaktion würde mindestens das Doppelte von dem kosten, was sie heute kostet. [...]

Ich finde es ein bißchen traurig, daß der Verleger, der 20 Jahre lang Geld in die ZEIT gesteckt hat, ohne je zu fragen, ob man sie billiger machen könnte, ohne je auf Anzeigenkunden Rücksicht zu nehmen oder den Lesern nach dem Munde reden zu wollen, jetzt, wo die Zeitung endlich balanciert oder sogar etwas abwirft, nach dem Publikum zu schielen beginnt. Jetzt soll die ZEIT plötzlich mehr auf die Einfalt der Menschen zugeschnitten sein, das heißt doch wohl, ihr Niveau senken, sich an Herrn Bertelsmann ein Beispiel nehmen, nackte Mädchen bringen, kurzum: Mit allen Mitteln die Auflage steigern; also genau das tun, was der Verleger bisher an seinen Kollegen so verabscheute.

Wenn die Zeitung schlecht gemacht würde oder langweiliger wäre als früher, dann müßte man von morgens bis abends überlegen, was man ändern könnte, aber das ist ja, wie auch Sie meinen, nicht der Fall. Sie stagniert, weil die Leute aus irgendeinem Grunde zur Zeit nicht so gern lesen – darum mühen wir uns ja auch, immer wieder besondere Dinge zu bringen: so den Husák in der Politik, Peter Handke im Feuilleton, Salins brillante Betrachtung zwei Tage nach der Franc-Abwertung. Wir tun also auf ZEIT-adäquate Weise, was irgend möglich ist.

Ich glaube wirklich nicht, Buc, daß Sie oder wir nervös werden sollten – damit verderben wir nur alles, was bisher geschaffen wurde. Ich garantiere Ihnen, daß die Sache bis zum April wieder läuft.

Ein wenig betrübt

Ihre Marion

1. September 1969

Lieber Buc,

heute fand ich Ihren Brief in der Redaktion vor. Nein, ich wollte Sie nicht »schelten«: ich schrieb nur, es sei mir unverständlich, warum Sie gerade jetzt usw. ... Ich war »betrübt« und ein bißchen »traurig« – so steht es im Brief –, aber nicht bitter.

Sie finden die ZEIT zu »herb« und sagen, man *kann* sie so machen, aber man *muß* sie so nicht machen. Das ist ganz wahr: *man* kann auch anders – nur ich kann es nicht und in ihrer Majorität die Redaktion auch nicht. Daß wir jene Bertelsmann-Annonce mit dem kleinen nackten Mädchen, die in allen Zeitungen erschienen ist – und die auch für sie alle und nicht speziell für die ZEIT konzipiert war –, als Beweis dafür ansehen sollen, daß wir die ZEIT verändern müssen, weil »sie (die Bertelsmann-Leute) Wünsche und Vorstellungen der ZEIT-Leser genau kennen«, legt im Verein mit dem vorangegangenen Satz den Gedanken nahe, daß wir schnulziger werden sollen.

Der vorangegangene Satz: »Ich glaube, daß Sie das Denkvermögen Ihrer Leser bei weitem überschätzen.« Wenn Sie recht hätten, dann verstehe ich wirklich nicht, warum wir annähernd eine Million Leser haben. Was machen die denn eigentlich mit der Zeitung?

Und noch eines: Was, glauben Sie wohl, Buc, würden die Jungen bei uns, was das Feuilleton sagen, wenn unter solchen Auspizien die ZEIT gemacht werden soll.

Noch trauriger, ratloser und allmählich auch ein bißchen ärgerlich,

Ihre Marion

KONSTRUKTIVE Auseinandersetzungen zwischen Verleger und Chefredakteurin gehörten zum journalistischen Alltag.

Am 1. Januar 1973, im Alter von dreiundsechzig Jahren, beginnt für Marion Dönhoff eine neue Ära bei der *Zeit*. Nach sechsundzwanzigjähriger Redaktionstätigkeit, zuletzt als Chefredakteurin, wird sie Herausgeberin der Zeitung. Diese Position wird sie in den folgenden drei Jahrzehnten bis zu ihrem Tod innehaben. Ihr Nachfolger in der Chefredaktion wird Dr. Theo (genannt Ted) Sommer. Er war Student der Geschichte und politischen Wissenschaften in Tübingen, als Marion Dönhoff ihn im Juli 1957 auf der Suche nach neuen, jungen Kräften kennenlernte. Nur ein Jahr später trat er seinen Dienst als politischer Redakteur bei der *Zeit* an.

Der neue Chefredakteur bringt Marion Dönhoff, die im Begriff ist, in die USA zu reisen, die Fahnen eines Briefes von Gerd Bucerius an den Flughafen. Dieser Brief soll anlässlich ihres Wechsels zur Herausgeberin in der nächsten Nummer der *Zeit* veröffentlicht werden. Im Flugzeug liest sie: »Heute liegt Ihre Arbeit vor der Nation, ja doch wohl auch ein bißchen vor der Welt ausgebreitet. Mit tiefer Wirkung? Ich meine: ja. Freunde und mehr noch Ihre Gegner versichern es jedenfalls.« Und weiter: »Sie sind großherzig, frei von jedem Egoismus. Gibt es das: jemand, der den größten deutschen Besitz im Osten verliert und nie ein Klagewort sagt? Nur Ihr Blick wird ein wenig fester, wenn Sie von der Heimat sprechen.« Und schließlich: »Darf ich Sie umarmen, Marion?«

Mit ihrem Verleger Dr. Gerd Bucerius auf einem Betriebsausflug, 1960

Buc, es ist Mittwoch – Ted hat mir die Fahnen von Ihrem Brief mitgebracht, weil die Zeitung noch nicht fertig ist, und nun lese ich ihn zwischen Himmel und Erde, zwischen Europa und Amerika schwebend. Eigentlich ist das auch der rechte Ort dafür, denn so ein bißchen freischwebend fühlt man sich schon angesichts einer nicht ganz gewissen Zukunft, obgleich von Ungewißheit eigentlich keine Rede sein kann, nachdem Sie in so großzügiger und liebevoller Weise mir einen Heimathafen in der *Zeit* eingerichtet haben. Ich finde es richtig schön zu denken, daß man einstweilen noch in Verbindung bleibt mit dem, was bisher mein Leben ausgemacht hat.

Lieber Buc, ich finde Ihren Brief unbeschreiblich nett – mir wird ganz warm ums Herz und auch ein bißchen wehmütig. Ja, wir haben viel erlebt zusammen, ein gutes Stück deutscher Geschichte und dann das Werden und Entstehen eines Unternehmens, das nicht nur privat ist, sondern zugleich auch etwas Allgemeines darstellt. (Dahrendorf sagte neulich einmal: »Wissen Sie, in Brüssel spüre ich doch sehr deutlich, das Bild der Bundesrepublik wird draußen ganz stark durch die ZEIT geprägt.«)

Sie haben meinen Anteil am Gelingen jenes Unternehmens weit, meilenweit überschätzt. Was da alles zusammenwirken muß, damit so etwas gelingt, kann wohl niemand wirklich beurteilen, aber ganz sachlich betrachtet – soweit ich in diesem Moment zu sachlicher Beurteilung in der Lage bin – würde ich meinen, es gibt eine ganze Menge guter Journalisten, aber gute Verleger sind rar – und auch ein noch so sorgfältig ausgewähltes Curatorium kann den nicht ersetzen.

Sie haben ganz recht, wir haben allerlei Spannungen und Querelen überstanden, ohne daß die Achtung füreinander dadurch Schaden genommen hätte – was eigentlich ganz erstaunlich ist. Ich glaube, das war nur möglich, weil wir beide mit ganzem Herzen an dem Gelingen des Unternehmens ZEIT hingen und der gelegentliche Streit nie über einen von uns ging, sondern immer um das, was richtig oder falsch, gut oder nicht gut für das Gemeinsame sei.

Jeder Abschied ist wie eine Amputation. Ich habe im Laufe dieses Jahres oft über diesen Schmerz nachgedacht und so die Trennung gewissermaßen auf Raten vorgenommen. Jetzt findet eigentlich nur noch der Vollzug statt, und der ist dank Ihrer Vorsorge ein sehr sanfter Übergang von einem Aggregatzustand in einen anderen.

Ich weiß, Buc, daß dies auch für Sie ein entscheidender Abschnitt ist: Nun ist von der alten Crew keiner mehr da, aber vielleicht ist dies das Erstaunlichste an der Gemeinschaft, die wir da zusammengebracht haben, daß die alte Substanz ausgereicht hat, um auch die jeweils neuen zu integrieren. Wenn ich Sie in der Käsekonferenz zwischen all den Jüngeren sitzen sehe, dann finde ich dieses Bild jedenfalls so selbstverständlich, als wäre es nie anders gewesen.

Buc, ich danke Ihnen für Ihre warmen Worte, Ihre guten Gedanken und Ihre Freundschaft, die gar nicht »sprunghaft«, sondern von großer Beständigkeit ist.

Stets und immer

Ihre Marion

AN IHREM BÜROALLTAG ändert sich nicht viel. Morgens um zehn fährt sie mit ihrem geliebten blauen Porsche vom Pumpenkamp in Blankenese über die Elbchaussee zum Speersort, wo sie im sechsten Stock der *Zeit*-Redaktion ihr Büro hat, einen Raum, der von einem großen, schlichten Mahagoni-Schreibtisch beherrscht wird. Dahinter ein abgewetzter Ledersessel. Im Rücken eine Bücherwand, die prall gefüllt ist mit Arbeitsliteratur – politische Werke, Lexika, ein paar Gedichtbände, Neuerscheinungen von Kollegen und Freunden. Ein Sofa mit hellbraunem Cordbezug und ein niedriger Couchtisch bilden die Besucherecke. Auf den Fensterbänken stapeln sich Bücher, die sie noch lesen will. Aus dem Fenster fällt ihr Blick auf die Balustrade eines Balkons, auf der sich hin und wieder Tauben und Möwen versammeln, die sie amüsiert beobachtet. Im Hintergrund ragt der spitze, kupferne Turm der Jacobikirche in den Himmel. Wenn sie nicht gerade an einer der regelmäßig stattfindenden politischen Konferenzen teilnimmt oder einen Artikel für die nächste Ausgabe der Zeitung in die Schreibmaschine diktiert, beginnt der Tag mit der Lektüre der neuen Post, die auf ihrem Schreibtisch liegt. Die Beantwortung der Briefe wird eingeleitet mit der rhetorischen Frage: »Wollen wir dann mal etwas schreiben?« Die Sekretärin kommt mit dem Stenoblock. Mittags um eins ist es Zeit für einen schwachen schwarzen Tee und ein Butterbrot, das sie von zu Hause mitgebracht hat. Ein frugales Mal am Schreibtisch, das sie hin und wieder mit ihrer Sekretärin teilt. Der weitere Tagesablauf besteht aus Telefonaten, Reiseplanungen, Arbeitsgesprächen mit Kollegen, Besuchern, Interviewern. Gegen sechs steigt Marion Dönhoff wieder in ihr Auto und fährt nach Hause.

Die neue Herausgeberin

Lieber Carl

Ich glaube, in meinem »neuen Leben«, das Anfang des Jahres begonnen hat, habe ich Dir noch gar nicht geschrieben. Aber, wie das so ist, das Neue, das meiner Entlastung dienen soll, ist einstweilen turbulenter als das Alte. Allerdings auf sehr angenehme Weise: es ist eigentlich nur deshalb so rastlos, weil ich tun kann, was ich will.

Also, wenn ich in Paris eine Konferenz habe, ist es egal, ob ich am Donnerstag oder erst am Sonnabend heimfahre. Wenn es mir einfällt, nach Berlin zu fliegen, um Freunde zu sehen, eine Ausstellung zu besuchen oder ein Theater, dann tue ich das einfach – all das, seit 20 Jahren entbehrt, ist einfach ein Vergnügen. Außerdem kann ich für die ZEIT so ziemlich nach eigenem Gutdünken reisen – war gerade 4 Wochen in Asien.

Natürlich wird das nicht ewig so weitergehen, im Sommer will ich ein geordnetes Leben anfangen: mich an ein Buch setzen. Und wie das dann ist, muß ich erst noch sehen. Einstweilen bleibe ich im Vorstand von drei Gesellschaften (politisch-ökonomische Institute) in Paris, Stockholm und Amerika, das hält einen in Verbindung mit Leuten und Ereignissen, und bin Vize-Präs[identin] unserer Außenpolit. Gesellschaft in Bonn geworden, alles andere habe ich abgestoßen. Bin gespannt, wie das auf Dauer sein wird. Ich denke an Dich und grüße Dich von Herzen
Marion

WÄHREND MARION DÖNHOFFS neues Leben begonnen hat, scheint Carl Jacob Burckhardts Leben zu Ende zu gehen. Marion Dönhoff besucht ihren alten Freund in Genf im Krankenhaus.

Hamburg, 10. II. 74

Lieber Carl

Ich war sehr hin- und hergerissen, als ich neulich Abend das Krankenhaus verließ, zum Flugplatz fuhr und dann über das verdämmernde Genf gen Norden flog: Du bist zwar sehr dünn geworden, hast aber frische Farben, klare Augen, sprichst und erzählst wie eh und je – amüsante Personenbeschreibungen, historische Assoziationen, nie fehlt ein Name – aber dann dieses Gefesseltsein an Bett und Apparaturen, diese, wie Du es nennst, künstliche Existenz.

Ich bewundere sehr die Souveränität, mit der Du das alles erträgst, und frage mich, woher Du die Geduld nimmst, die Du doch eigentlich nie im Übermaß besessen hast.

Apropos Geduld: ich habe mich gefragt, ob es irgendetwas gibt, was Dir Spaß machen könnte – Blumen schicken Dir andere Leute in Mengen, das hat also keinen Sinn. Schließlich habe ich beschlossen, Dir mein Spielzeug zu schicken, mit dem ich mir oder wenigstens meinen Händen die Zeit vertreibe, wenn ich langweilige Besucher habe: Du kannst diesen kleinen Stab zu allerlei Figuren umformen, und das ist irgendwie eine befriedigende Beschäftigung.

Wenn mein Besuch nicht zu anstrengend für Dich war, würde ich gern bald einmal wiederkommen – wir haben so viel zu reden.

Inzwischen denke ich sehr an Dich

Marion

Kurz darauf, am 3. März 1974, stirbt Carl Jacob Burckhardt zweiundachtzigjährig in Genf. Marion Dönhoff würdigt das Leben des Freundes in einem Nachruf in der Zeit.

DER VON MARION DÖNHOFF und George Kennan vor allem für seine Ostpolitik hochgeschätzte Bundeskanzler Willy Brandt tritt nach der Guillaume-Affäre am 6. Mai 1974 zurück.

29. 5. 74

Lieber George,

es gab keine andere Möglichkeit als den Rücktritt – aber Schwermut beschleicht einen doch dabei und Kummer über die Unzulänglichkeit allen Daseins.

Helmut Schmidt ist der einzige, der potentiell in der Lage sein wird, die verfahrene Situation zu retten und dem dies wohl auch praktisch gelingen wird. Er hat die Intelligenz, richtig zu analysieren, Vernunft und Erfahrung genug, um zu wissen, was durchsetzbar ist, und er verfügt über die Kraft, dies solchermaßen als richtig und machbar Erkannte dann auch auszuführen.

Daß die Kombination dieser drei selten gemeinsam auftretenden Fähigkeiten in der Lage ist, Außerordentliches zu leisten, weiß man. Aber man hätte sich so gewünscht, einmal zu erfahren, daß auch ein Mensch ohne Arg, ein Träumer, der gleichzeitig ein großer Realist ist, eine mythenbildende Persönlichkeit zum selben imstande ist.

Seid beide herzlich gegrüßt

Marion

IM HERBST 1974 stirbt ein weiterer Weggefährte: Edgar Salin, bei dem Marion Dönhoff promovierte. Bis zu ihrem Lebensende bleibt sie seiner Witwe Isa und der gesamten Familie freundschaftlich verbunden. Der Universalgelehrte Salin hinterlässt eine umfassende Bibliothek. Seine Witwe denkt über Verkauf nach.

23. Oktober 1974

Liebe Isa,

hab Dank für Deinen Brief. Seit ich ihn erhielt, beschäftigt mich die Frage des Verkaufs von Edgars Bibliothek außerordentlich. Ich verstehe gut, daß es notwendig ist und daß auch Edgar beschlossen hatte, sich von ihr zu trennen.

Ich finde nur Deinen Hinweis, daß Antiquare sich dafür interessieren, ein wenig besorgniserregend insofern, als ich denke, daß man unbedingt versuchen sollte, sie nicht auseinanderzuschlagen, sondern, telle qu'elle est, zu verkaufen, denn erstens ist der Zerschlagungswert, der sich erzielen läßt, natürlich doch kleiner als der Betrag, den man erhalten könnte, wenn es gelingt, sie geschlossen zu verkaufen, und zweitens finde ich es einfach ein Jammer, eine so exquisite, wenn auch kleine Bibliothek, die unter ganz speziellen Gesichtspunkten im Laufe eines langen Lebens zusammengetragen worden ist, wieder in alle Winde zerstreuen zu lassen.

Ich bin überzeugt, daß Edgars Bibliothek die mehr oder weniger letzte noch vorhandene Bibliothek eines umfassend gebildeten Gelehrten darstellt, die wirklich hand picked ist und sicherlich kaum etwas Überflüssiges enthält. Ich hätte große Lust, wenn Du damit einverstanden bist, zu versuchen, ob es nicht doch gelingen könnte, eine große Stiftung oder einen der Länderkultusminister zu interessieren, sie für einen bestimmten Zweck zu erwerben.

Um Dir nur die Richtung anzuzeigen, in der ich denke: Ich dachte, man könnte versuchen, mit der Rockefeller Foundation zu sprechen, die ein wunderschönes Schloß in Belagio unterhält. Oder ich könnte an den Kultusminister Hans Maier in München schreiben oder die Volkswagenstiftung fragen oder eines der neuen Berliner Institute (Europäische Wissenschaft). Laß mich doch bitte wissen, was Du grundsätzlich von dieser Idee hältst; ferner wieviele Bände diese Bibliothek umfaßt, wo die Schwerpunkte liegen: ob sie im Bereich von Nationalökonomie und Philosophie ausschließlich aus dem deutschen Bereich stammt oder welche Sprachen vorwiegend vertreten sind; und was nach Deinen bisherigen Überlegungen und Informationen in etwa der Wert der gesamten Bibliothek ist (natürlich nicht präzis, aber ganz ungefähr).

Herzlich grüßend

Deine Marion

MARION DÖNHOFF IST Beiratsmitglied des Gefängnisses Fuhlsbüttel in Hamburg, eine Funktion, die sie zwanzig Jahre lang ausübt. Regelmäßig besucht sie Gefangene und engagiert sich, auch publizistisch, für einen humanen Strafvollzug. Sie sagt: »Dabei ist auch sehr wichtig, den Gefangenen zu helfen, die erste Zeit nach ihrer Entlassung zu überbrücken, denn gewöhnlich stehen sie eines Tages mit dreißig oder vierzig D-Mark in der Tasche vor dem Tor. Häufig sind die Fäden zur Familie abgerissen, und der erste Schritt in die Freiheit geht dann zu irgendwelchen Kumpeln von früher, bei denen sie erst einmal unterkriechen – hier ist dies meist St. Pauli –, und dann fängt sehr bald der Leidensweg von neuem an.« Sie gründet den Verein »Marhoff« für entlassene Strafgefangene und mietet eine Wohnung in Hamburg-Wandsbek an, in der bis zu vier Personen kostenlos vorübergehend leben können. Sie engagiert einen Sozialarbeiter, der sich um sie kümmert, bis sie sich wieder in die Gesellschaft eingegliedert haben.

Das soziale Engagement Marion Dönhoffs spiegelt sich auch in der *Zeit* wider. Die Herausgeberin hat eine Rubrik eingerichtet – »Barbara bittet« –, in der Leser aufgerufen werden, Flüchtlingen aus aller Welt eine Starthilfe zu bieten.

Prinzessin Wittgenstein
München

11. März 1976

Liebe Gabriele,

vielleicht hast Du schon einmal bemerkt, daß wir seit 25 Jahren eine kleine Notiz in jeder Nummer bringen, über der steht: Barbara bittet. Diese Barbara, mit der zusammen ein paar Leute, unter denen auch ich war, dieses Unternehmen gründeten, ist die Tochter des hingerichteten General Oster.

Nun zur Sache: Wir haben eine kleine Organisation hier in Hamburg, einen Mitarbeiter in Berlin und brauchen dringend jemanden in München, der ehrenamtlich weiter nichts tun müßte, als etwa alle vierzehn Tage einmal einen Flüchtling zu besichtigen, entweder dort, wo der Betreffende untergekommen ist, oder ihn zu sich zu bestellen. Der Witz ist, daß irgendeiner beurteilen muß, ob man dem Betreffenden helfen soll und wie, wobei die Größenordnungen dann abzusprechen wären. Hier in Hamburg ist die sehr tüchtige Leiterin Jeanne Hesse (eine Burckhardt aus Basel). Mit ihr müßtest Du, wenn Du bereit wärst, dies für uns zu übernehmen, Dich in Verbindung setzen.

Diese kleine Anzeige in der ZEIT bringt jedes Jahr 100 000 DM in bar und etwa noch einmal so viel in Sachspenden! Eine kleine Broschüre, die über das letzte Jahr berichtet, sowie ein Protokoll der letzten Jahresversammlung füge ich bei.

Alles Liebe

Deine Marion

EINES DER WICHTIGSTEN Lebensthemen Marion
Dönhoffs bleibt die Versöhnung zwischen Deutschen und Polen.
Einem Leser, der die deutsche Schuld in einem Brief zu relati-
vieren versuchte, gibt sie eine ungewöhnlich knappe Antwort.

7. April 1976

Sehr geehrter Herr Dr. W.,

ich bin gerade im Begriff, zu einer langen Reise aufzubrechen,
darum müssen Sie entschuldigen, daß ich im einzelnen nicht auf
Ihren Brief eingehen kann. Meines Erachtens ist unsere Schuld
den Polen gegenüber weit größer als anderen Völkern gegenüber:
1.) war das erklärte Kriegsziel hinsichtlich Polen von einer Brutalität, wie sie von einem Kulturvolk noch nie vorher ausgesprochen
worden war: Keine höhere Bildung mehr, das ganze Volk auf das

Niveau von Sklaven herabdrücken, damit das Herrenvolk, die Deutschen, herrschen können.

2.) Totale Zerstörung einiger Städte, darunter Warschau; Verschleppung, Erschießung etc. von wahrscheinlich Millionen Polen.

Ich hoffe, daß Sie hiermit etwas anfangen können.

Mit bestem Gruß

Marion Dönhoff

IM FRÜHJAHR und im Herbst verbringt Marion Dönhoff ihre Ferien in Forio auf der italienischen Insel Ischia. Dort lebt von März bis Oktober ihre geliebte Schwester Yvonne, mit der sie in engstem Kontakt steht – die Schwestern schreiben sich bei jeder Gelegenheit, telefonieren, reisen miteinander, sehen sich, so oft es geht. Dieses Mal schreibt Marion Dönhoff Yvonne schon auf dem Rückflug nach Hamburg. Mehrere Wochen war sie bei ihr gewesen und hatte auf der Rückreise Zwischenstation in Rom gemacht, wo sie Freunde besuchte.

5. VI. 76

(An Bord eines Alitalia-Fluges)

Wönning,

Rom war bis auf den Abend, der wirklich amüsant war und mich erst um 2.30 wieder in mein Hotel gelangen ließ, ein Reinfall: Es goß pausenlos 24 Std. hintereinander, d. h. es gab kein Taxi weit und breit, wie immer bei Regen. Ich hatte weder Schirm noch

Mantel und nur Sandalen – war den ganzen Tag durchnäßt und unfroh.

Nur der Friseur war ein Vergnügen – er hat mir die Haare, wie er sagt: à la Italiana geschnitten, nämlich sehr kurz, und da die Länge lästig war, finde ich das sehr schön.

Der DDR-Botschafter entpuppte sich als ungemein kultivierter alter Jude, witzig und ganz souverän. Wir haben uns in null Komma nichts innig befreundet, und er möchte gern einmal nach Ischia kommen. Wär vielleicht ganz komisch.

Ich habe idiotischerweise die neu erworbene Jacke im Schrank hängen lassen, wo ich sie über Nacht hatte aushängen wollen, um die verdrückten Stellen zu beseitigen und dann mit ihr in Rom zu glänzen – damit war nun nichts. Ob Du sie in ein Couvert stecken könntest und irgendeinem Deutschland-Reisenden mitgeben? Stills oder Renato z. B. Sie von Italien zu schicken, ist zu gefährlich, wär schade, sie ungenutzt und nicht amortisiert schon wieder einzubüßen. Wenn's keinen Reisenden gibt (dem Du wohl ein 2-Markstück mitgeben müßtest wegen »Einschreiben«), dann nimmst Du sie am besten mit nach Frankreich.

Liebchen, leb wohl, und vergiß nicht, zu dem social-security-Mann wegen Angelina zu gehen.

M

IM NÄCHSTEN BRIEF an ihre Schwester, geschrieben in Teheran, erinnert sich Marion Dönhoff an eine gemeinsame Reise dorthin im Jahr 1940.

Mit ihrer Schwester Yvonne, Forio d'Ischia

Royal Tehran Hilton / Teheran, Iran

Liebchen – Teheran ist eine riesige, ziemlich häßliche Großstadt wie viele andere. Noch mehr Verkehr, noch mehr Wirbel. Also alles anders als zu unserer Zeit. Anstelle staubiger Straßen Highroads, die wie Schlangen sich über- und untereinanderwindend Teheran umkreisen.

Und doch würdest Du das Wesentliche sogleich wieder entdeckt haben: Das phantastische Gebirge im Nord/Osten – diese unglaublichen Farben, über denen stets ein Schleier liegt und die uralten Elefanten ähneln. Unsere Berge sind Parvenues dagegen – diese kommen wirklich von Ewigkeit.

Ich habe viel an Dich gedacht und an den Tag, an dem wir erfuhren, daß die Mutter gestorben sei und wir oben hinauf in die Berge ritten und dort in die Ewigkeit schauten.

Die Marken sind für die Knaben nebenan. Zum Schreiben ist keine rechte Muße, drum nur dieses Zeichen meines Gedenkens.

Sei umarmt

M

IM SOMMER erwartet Marion Dönhoff den Besuch George Kennans und seines Enkels. Beide wollen auf der Rückreise von ihrem Feriendomizil in Norwegen nach Amerika Zwischenstation in Hamburg machen. In den USA läuft derzeit der Vorwahlkampf für die Präsidentschaftswahl.

22. Juli 1976

Lieber George,

der 3. August abends ist in meinem Kalender rot angestrichen. Ich freue mich riesig und hole Euch vom Hamburger Hauptbahnhof ab. Es gibt dort zwei Ausgänge: Wenn Du bitte den in Fahrtrichtung nimmst und die Treppe hinaufgehst, werde ich Euch oben an jener in Empfang nehmen. Sollten wir uns aus irgendeinem Grunde an der Stelle verpassen, dann treffen wir uns in der Halle, dort, wo die internationale Presse verkauft wird.

Ich habe Dir inzwischen mein Buch, das vor Monaten nach Princeton geschickt wurde, nach Norwegen gesandt, weil ich dachte, daß Du dort eher einmal dazu kommst, hineinzuschauen. Und wie Du ja weißt, möchten Leute, die Bücher geschrieben haben, gern, daß ihre Freunde sie auch lesen.

Ich habe einen Tag bei der Convention miterlebt und bin gerade dabei, über Carter zu schreiben. Du findest seine Aussagen encouraging. Die meisten sind natürlich von Brzezinski oder Dick Gardener entworfen worden, darum ist es schwer zu beurteilen, wieviel er von diesen Dingen selber weiß. Auch ich finde ihn, wie Du, erstaunlich wenig demagogisch und most thoughtful, dennoch ist mir recht bange, denn es bleibt doch ein Experiment, von Georgia ins Weiße Haus zu springen. Nun, es gibt viel zu reden, und ich freue mich riesig auf Dich.

Alles Liebe

Deine Marion

Mit George F. Kennan

Lieber George,

noch brennt das gleiche Feuer im Kamin, an dem ich sitze und Deinen Brief lese, während Du durch die Nacht ratterst gen Süden und der Enkel hoffentlich sanft auf seinen Bergen von Huhn-mit-Reis ruht. Für die Herstellerin dieses Mahls wird er für alle Zeiten der remarkabelste Gast bleiben, der je mein Haus betrat! Als Du den Brief auf meinen Schreibtisch legtest, wußte ich sofort, daß dies etwas ganz außergewöhnlich Wichtiges sei – ich wußte es mit jener Gewißheit, mit der man nur das scheinbar Unwirkliche weiß. Mir ist so wichtig, was Du über das »Geheimnis« sagtest. Ja, es ist in der Tat so, daß ich nie von dieser vergangenen Welt, ihren Maßstäben, Grundsätzen und Werteordnungen spreche, weil es doch nur Mißverständnisse gäbe. Nur wenn ich mit meinen Geschwistern oder mit Hermann zusammen bin, verständigt man sich ohne Worte: Es ist, als ob die Angehörigen eines versprengten Indianerstammes zusammenkommen und sich wieder in der alten Sprache, die niemand anders mehr kennt, unterhalten können. Manchmal geschieht es allerdings auch, daß ich irgendwo in einer belanglosen Gesellschaft jemanden treffe und, ehe ich ein Wort mit ihm gewechselt habe, weiß, der gehört auch zu der geheimen Sekte.

Daß Du die medialen Fähigkeiten des Dichters besitzt, der keine Reihenuntersuchungen oder grassrout studies braucht, um zu erkennen, wußte ich natürlich – wem könnte das verborgen bleiben? –, aber mir war nicht klar, wie tief Dein Verständnis ist für jene östliche Welt von Tolstois »Krieg und Frieden« bis in unsere Tage des erst baltischen und dann ostpreußischen Dramas, das nur stellvertretend noch einmal ganz deutlich gemacht hat, was auch in der größeren Welt verloren ging. Ich glaube, in Deinem Vorleben warst Du erst ein mittelalterlicher Eremit und dann ein feudalistischer Bojar – mag sein auch in umgekehrter Reihenfolge!

Alles, was Du denkst und in Deinem Brief schreibst, ist mir sehr nah, er wärmt mein Herz und erfüllt mich mit zärtlicher Dankbarkeit. Es war schön, Dich hier zu haben, begleitet vom Nachwuchs, der Deiner durchaus würdig ist.

Marion

KURZ VOR DER BUNDESTAGSWAHL kommt Fritz Stern nach Hamburg. Marion Dönhoff hatte den in New York lebenden Historiker sechs Jahre zuvor auf einer Konferenz des American Council of Germany kennengelernt. Sie berichtet: »Aber schon bevor ich ihn kennenlernte, habe ich alles, was er über den Verlauf [der Geschichte] und die politische Ideengeschichte schrieb, verschlungen.« Mit Fritz Stern, der seine Heimat verlor, als er 1938 mit seiner Familie in die USA auswandern musste, verbindet sie eine lebenslange Freundschaft.

20. August 1976

Lieber Fritz Stern,

zunächst ein Wort zum Treffen mit Dahrendorf: Warum kommen Sie nicht beide nach Hamburg? Wir könnten am Abend die sogenannte Wahlparty bei Bucerius zusammen besuchen; Sie könnten in meinem Fremdenzimmer wohnen (Ralf Dahrendorf wohnt gewöhnlich bei seiner Mutter hier in Hamburg); Ihnen steht tagsüber zum Reden, Essen und Trinken mein Haus zur Verfügung, da sind Sie ganz ungestört, und abends setzen wir uns zusammen und reden über das, was noch übriggeblieben ist. Ich fände es jedenfalls ganz besonders reizend, wenn Sie beide sich dazu entschließen würden. Ich werde auch Ralf Dahrendorf ein Wort schreiben.

Wenn es geht, wäre es schön, wenn Sie mich vor dem 8. September wissen ließen, ob etwas daraus wird, weil ich am 9. September auf Urlaub gehe und erst ganz kurz vor den Wahlen zurückkomme.

Sehr froh war ich über Ihre so positive Bemerkung zu meinem Buch. Es tut mir nur leid, daß ich Ihnen nicht persönlich ein Exemplar überreicht habe. Ich hatte es für diesen Zweck mitgenommen, aber nachdem wir uns nicht treffen konnten und sich ein anderer Interessent fand, habe ich es dann diesem überlassen.

Herzlich grüßend

Ihre Marion Dönhoff

DIE JOURNALISTIN plant eine Reise in die Sowjetunion und stellt einen Visumsantrag. Dabei macht sie eine erstaunliche Entdeckung.

An die
Botschaft der
Union der Sozialistischen Republiken
Viktorshöhe
Waldstraße 42
5300 Bad Godesberg

17. Dezember 1976

Sehr geehrte Damen und Herren,
ich habe die Absicht, im kommenden Jahr in die Sowjetunion zu reisen. Aus einem Merkblatt Ihrer Konsularabteilung entnehme ich, daß ich die sowjetische Staatsangehörigkeit besitze, weil das Territorium, auf dem ich geboren wurde, heute Teil der Sowjetunion ist. Aus besagtem Umdruck ersehe ich, daß es für mich nun zwei Möglichkeiten gibt:
1. die Staatsangehörigkeit der UdSSR zu behalten und die Ausstellung eines sowjetischen Passes zu beantragen oder
2. die Entlassung aus der Staatsangehörigkeit der UdSSR zu beantragen.
Ich möchte mich für die erste Möglichkeit entscheiden und bitte Sie, mir die in Aussicht gestellten Formulare hierfür zu schikken.
Zur Präzisierung meiner Personalien darf ich folgende Angaben machen:

1. Geburtsdatum: 2. 12. 1909 in Friedrichstein, Kreis Königsberg/
   Ostpreußen
2. Heutige Staatsangehörigkeit: Bundesrepublik Deutschland
3. Meine Eltern: August Graf Dönhoff/Friedrichstein
   Ria Dönhoff, geborene von Lepel
4. Ich habe Ostpreußen im Januar 1945 verlassen.
5. Ich habe keine Verwandten in der UdSSR.
Mit bestem Gruß
Marion Dönhoff

Von der Botschaft kommt keine Antwort.

GEORGE KENNAN und seine Frau Anneliese besuchen
Marion Dönhoff in Hamburg. Im Hotel hat sie einen Brief für
das Ehepaar hinterlassen.

12. Oktober 1977

Ihr Lieben,

in Hamburg ist irgendein großer Kongreß, und alle Hotels sind
voll besetzt in diesen Tagen. Meine Sekretärin – ich war damals
noch auf Urlaub – hat es an acht Stellen vergeblich versucht und
hat dann vernünftigerweise Jacob ausgesucht.

Ich habe mir das Zimmer angesehen, weil ich Sorge hatte, es würde
laut sein. Aber es macht einen vorzüglichen Eindruck. Ich glaube,
Ihr werdet sehr zufrieden sein. Vor dem Haus hält der Schnellbus
Nr. 36, der Euch in 25 Minuten in das Zentrum von Hamburg
bringt; und zu mir seid Ihr auf diese Weise angenehm nah.

Hermann, der ganz traurig ist, daß er nicht in Crottorf sein kann, wenn Ihr hoffentlich dort wohnen werdet, kommt aus diesem Grunde heute, am Donnerstag, herüber, um Euch zu sehen. Er ist ab 18:30 Uhr bei mir am Pumpenkamp, wo wir dann zusammen essen werden. Wenn Ihr Lust habt, spazieren zu gehen, würde ich vorschlagen, daß Ihr um 16:00 Uhr bei mir eine Tasse Tee trinkt und – sofern Ihr bis dahin ausgeschlafen habt – wir uns dann auf den Weg machen. Bitte, eßt nicht viel zu Mittag; es gibt ein sehr gutes Abendessen!

Herzlich grüßend

Marion

DAS ABENDESSEN wird von der Haushälterin gekocht. »Den einzigen Luxus, den ich mir leiste, ist eine Haushälterin«, sagt Marion Dönhoff über Frau Clausen, die eine eigene Wohnung in ihrem Haus bewohnt. Nachdem »die Clausensche« das Rentenalter erreichte, übernimmt Renate Ellermann die Stelle.

Ein weiterer der »guten Geister« in Marion Dönhoffs Leben ist Edith Heise. 1939 kam die Neunzehnjährige nach Friedrichstein, um als persönliche Sekretärin für Marion Dönhoff zu arbeiten, als sie den Familienbesitz verwaltete. Das Dienstverhältnis endete im Januar 1945, als beide Frauen aus Ostpreußen flohen. Sie blieben in regelmäßiger Verbindung. Edith Heise kommt öfter einmal nach Hamburg, um Marion Dönhoff in ihrem Büro zu besuchen.

Liebes Fräulein Heise,

ich würde nicht glauben, daß es einen 2. Dezember gibt, wenn nicht an diesem Tag seit vielen Jahren ein Brief von Ihnen auf meinem Schreibtisch läge. Sehr herzlichen Dank für Ihr treues Gedenken!

Gerade war ich mit den jungen Kanitzen aus Cappenberg zusammen und habe mich nach Fräulein Pohl erkundigt. Von der akuten Krankheit haben sie nichts gesagt. Sie erzählten nur, daß Fräulein Pohl jetzt in einem Altersheim sei und sich dort leidlich wohlfühle. Wenn Sie ihr schreiben oder sie gar sehen sollten, grüßen Sie sie bitte herzlich von mir.

Meiner Familie geht es gut. Wir waren neulich einmal alle drei Generationen zusammen in einem riesigen Bauernhaus, das dem jüngsten Sohn meines Bruders Toffy gehört. Es war der letzte Sonntag im Jahr, und das Vergnügen aller Beteiligten über dieses Beisammensein einer Großfamilie war riesig. Auch Christina, die Sie nur als halb erwachsen kennen, wartete mit zwei Kindern auf, von denen der älteste bereits in die Schule geht.

Für 1978 wünsche ich Ihnen von Herzen alles Gute und bin mit vielen Grüßen

Ihre Marion Dönhoff

ZUM ENDE DES JAHRES reist Marion Dönhoff mit ihrem Neffen Hermann zu dessen Freunden Rolf und Helen von Bühren nach Bangkok.

Liebe Freunde,

heute gab es bei mir Klops – mancherwärts nennt man das Frikadellen – mit Mohrrüben und Kartoffeln. Was für ein barbarisches Essen, dachte ich, und erinnerte mich wehmutsvoll an die raffinierte Vielzahl von einzigartigen Gerichten in Töpfen und Töpfchen, die stets auf Eurem Tisch standen, und an die vielen Schälchen mit köstlichen Soßen, die es dazu gab.

Mit gleicher Sehnsucht denke ich an den Balkon über dem Klong, auf dem ich »Krieg und Frieden« las, an das dunkle Wasser, auf dem die großen gelben Blätter schwammen, bis der nimmermüde Gärtner sie nach und nach alle herausfischte; an die lieben dienstbaren Geister, die mich alle zwei Stunden mit Eiskaffee oder frischen Annanasscheiben versorgten; an die Morgensonne, die durch lichtgrüne Bananenblätter auf mein Nachtlager fiel; und schließlich an den unnachahmlichen Genuß, den die trefflichen Masseusen uns bereiteten.

Ganz besonders glücklich haben Sie, lieber Rolf, mich mit dem kleinen goldenen Buddha gemacht, unter dessen Schutz ich voller Zuversicht in die Zukunft blicke. Für mich hat es von jeher so viele geheimnisvolle Bezüge gegeben, daß die Vorstellung eines Talismans mir ganz geläufig ist – aber einen so schönen habe ich noch nie besessen.

Großen Dank also, herzliche Grüße, und alle guten Wünsche
Marion

MARION DÖNHOFF freut sich auf das Wiedersehen mit ihrer Schwester Yvonne in Forio und kündigt ihre Ankunft an.

Geliebtes Herz, das Schreiben ist so ein Entschluß, wenn man nicht recht weiß, wann und ob ein Brief je ankommt. »Einschreiben«? Da sehe ich Dich in heißer Sonne zur Post pilgern, weil der Briefträger Dich nicht angetroffen hat. »Eilbrief«? Kostet Dich 300 Lire, aber das werde ich, glaube ich, Dir doch zumuten.

Wir hatten den widerwärtigsten Sommer, den Du Dir vorstellen kannst: kalt und naß. Zuletzt gab's 1 Woche häßliches Frühherbst-Wetter. Ich war zweimal in dieser Zeit oben in Holstein – nur für ein paar Stunden. Was für eine bezaubernde Landschaft, wie Ostpreußen.

Gestern war ich beim Kanzler zum Mittag, der am Brahmsee ein minimales und sehr simples Häuschen hat – es war nett und interessant. Ich stelle gerade ein Buch für ihn zusammen: Artikel über ihn aus der Weltpresse von 1962 (Flutkatastrophe) bis heute. Ich glaube, es wird ganz eindrucksvoll. Je mehr man sich mit ihm beschäftigt, desto beeindruckender erscheint er mir. Seit Bismarck haben wir einen solchen Kanzler nicht gehabt.

Das 2. Mal war ich an der Ostsee, um Ciska und die Kinder, die ich lange nicht gesehen hatte, zu betrachten. So etwas Bezauberndes wie den kleinen Patrik kannst Du Dir überhaupt nicht vorstellen. Zutraulich, strahlend, clownisch mit einem bezaubernden Lächeln. Ich fand ihn ganz faszinierend.

Sehr strapaziös sind die Diskussionen um die Veränderungen in der ZEIT: Der Scherbenhaufen, den die angerichtet haben, ist beträchtlich. Auf die kürzeste Formel hat Kohlschütter es gebracht: »Die ZEIT ist enthumanisiert worden und wird jetzt von Managern zu kommerziellen Zwecken gemacht. Es ist traurig.«

Mir ging es sehr mies, weiß Gott warum, wohl das Wetter, aber jetzt habe ich mich wieder bekrabbelt. Altchen, ich will am 11. gegen Abend eintreffen. Bin, glaub ich, um 4 Uhr in Neapel und komme dann mit dem Aliscafi.

Da ich Dir nicht geschrieben hatte, aber Sehnsucht empfand, hab ich in der letzten Woche fast jeden Abend versucht, Dich anzurufen, aber es ging nicht: die Leitungen immer besetzt – und als es schließlich einmal wirklich klingelte, da warst Du offenbar nicht daheim.

Ebelin traf hier ein, fiel gleich am ersten Tag die Treppe herunter und brach sich einen Finger. Jetzt ist sie bis zum Ellenbogen eingegipst und sehr verzweifelt. Sie wird wohl eine Woche bleiben und dann vermutlich nach Brione gehen.

Altchen, ich umarme Dich und freue mich. Bring Dir Deinen roten Mantel mit; die Perlen sind auch fertig – sonst noch was? Wenn irgend etwas ist, dann ruf mich doch abends zu Haus an.

Marion

HIN UND WIEDER nutzt Marion Dönhoff ihre weltweiten persönlichen Kontakte. Im folgenden Brief trägt sie dem deutschen Botschafter in Frankreich, Otto-Axel Herbst, einen Wunsch von Fritz Stern vor.

26. März 1979

Lieber Herr Herbst,

zur Zeit befindet sich ein alter Freund von mir in Paris, Professor Fritz Stern, der im vorigen Jahr das brillante Buch über Bismarck und seinen Bankier Bleichenröder in Princeton herausgegeben

Marion Dönhoff,
Anfang siebzig

hat, das inzwischen auch in Deutschland erschienen ist. Stern hatte im Winter eine Gastprofessur an der Sorbonne und geht, soweit ich mich erinnere, im Mai wieder zurück an die Columbia University.

Ich war neulich in Paris und habe ihn und seine Frau besucht. Er wohnt in der Wohnung von Shepard Stone, den Sie sicherlich kennen. Stern sagte mir, daß es ihn brennend interessieren würde, das Haus zu sehen, in dem Bismarck während seiner Pariser Zeit gelebt hat. Einstweilen ist er nur draußen vorbeigegangen.

Ich dachte, ich sollte Sie dies wissen lassen, denn ich bin sicher, es würde Ihnen Freude machen, diesen außerordentlich lebendigen Menschen kennenzulernen, falls Sie einmal einen Moment Zeit haben sollten.

Mit besten Grüßen
Ihre Marion Dönhoff

MARION DÖNHOFF BEFINDET sich gerade im Haus ihrer Schwester auf Ischia, als sie einen Anruf von Willy Brandt erhält. Der SPD-Vorsitzende trägt den Wunsch seiner Partei an sie heran, gegen den CDU-Kandidaten Karl Carstens für das Amt des Bundespräsidenten zu kandidieren.

Forio, Ischia, 23. 5. 1979

Lieber Herr Brandt,

nachdem das Gespräch über eine mögliche Kandidatur über so weite Entfernung geführt werden mußte und auf eine nur schlecht funktionierende Telefonleitung beschränkt war, drängt es mich, Ihnen nun im Nachgang ein persönliches Wort zu schreiben.

Die Anfrage, ob ich für die Koalition zum Bundespräsidenten kandidieren würde, kam als eine so total unerwartete Nachricht, daß ich zunächst nur tief erschrocken war: Im Vordergrund stand erst einmal die instinktive Abwehr gegen eine mir ganz fremde Lebensform und ebenso stark mein Bedenken, für dieses Amt und seine spezifischen Erfordernisse ganz und gar ungeeignet zu sein. Andererseits war mir auch klar, daß in der Demokratie eine Alternative unerläßlich sei und daß der Entschluß, den Sie und Herr Genscher gefaßt hatten, ohne Präzedenz war. Einen Outsider zu nominieren, dazu gehörte wirklich Mut. Ich war mir auch bewußt, daß diese Entscheidung geeignet sein könnte, dem besonders unter den Jüngeren weit verbreiteten Gefühl der Aversion gegen den angeblich undurchdringlichen »politischen Klüngel« den Boden zu entziehen und der Forderung der Intellektuellen nach mehr Partizipation Rechnung zu tragen.

Der Ausweg, sich darauf zu verlassen, daß das Risiko der Arithmetik wegen sehr klein sei, schien mir nicht recht akzeptabel – erstens weiß man nie, und zweitens meine ich, man sollte nicht for show etwas tun, wozu man im Ernst nicht bereit ist. Angesichts dieses Dilemmas und mit nur kurzer Bedenkzeit, überdies von allen Nachrichten und möglichen Gesprächspartnern abgeschnitten, fragte ich mich, wen ich als Bürger dieses Landes mir denn in dieser Position am ehesten denken könnte, durch wen ich mich mit voller Zustimmung repräsentiert sehen möchte. Dabei kam mir C. F. von Weizsäcker in den Sinn, und ich plädierte Egon Bahr gegenüber sehr intensiv für ihn: Er schien mir als moralische Autorität und überzeugende Persönlichkeit einzigartig geeignet, überdies auch disponible, weil er dabei ist, sein Institut abzugeben. Ich war glücklich über diese, wie mir schien, optimale Idee und redete mir ein, sie sei schon halb verwirklicht. Aber als ich Weizsäcker, der inzwischen in Bonn und Hamburg gewesen war, anderntags anrief, sagte er, er wolle nicht mit Hilfe von fünfzehn Abtrünnigen gewählt werden, sondern nur vom ganzen Hause. Ich wandte ein, man müsse schließlich von der Realität und nicht von irgendwelchen Wunschvorstellungen ausgehen, auch schien mir das Verlangen, eine ganze Partei solle an ihrem Kandidaten Verrat üben, weit verwerflicher als zu akzeptieren, daß einige Leute sich eventuell entsprechend ihrer individuellen Anschauung entscheiden.

Seine Antwort: er habe noch Bedenkzeit bis Sonntag, dann werde er seine Entscheidung mitteilen. Daß dann schließlich nach vier Tagen nicht mehr herauskam, als daß er kein Zählkandidat sein wolle, fand ich angesichts der Situation und ihrer Notwendigkeit so erbärmlich, daß ich sofort Egon Bahr anrief, um zu sagen, wenn Sie mich noch brauchen könnten, stünde ich zur Verfügung. Inzwischen aber war – was ich gut verstanden habe – die Entwicklung darüber hinweggegangen.

Lieber Herr Brandt, Ihre Kühnheit haben wir schlecht gelohnt. Die Erfahrung mit Kandidaten, die entweder zu feige sind, um das Risiko zu tragen, womöglich wirklich gewählt zu werden, oder zu arrogant, um in Kauf nehmen zu können, wahrscheinlich nicht gewählt zu werden, ist nicht gerade ermutigend. Aus der Länge dieses Briefes mögen Sie ein schlechtes Gewissen ersehen: Ich habe das Gefühl, an der recht unglücklichen Situation, in die die Koalition nun geraten war, mit schuld zu sein, und das ist mir sehr schmerzlich. Ich wäre dankbar, wenn Sie Herrn Genscher und dem Präsidium, soweit es an jenem Entschluß mitgewirkt hat, von diesem Brief Kenntnis geben würden.

Mit allen guten Wünschen

Stets Ihre Marion Dönhoff

Erwartungsgemäß wird Karl Carstens zum fünften Präsidenten der Bundesrepublik Deutschland gewählt.

GERADE AUS ITALIEN zurückgekehrt, tritt Marion Dönhoff eine Reise in die USA an, wohin sie Kanzler Helmut Schmidt begleitet. Davon berichtet sie anschließend ihrer Schwester Yvonne.

17. VI. 79

Alte, Du hast noch gar nicht von mir gehört, seit unserem Telefongespräch, aber Du weißt, ich fuhr gleich am nächsten Tag nach Amerika [...] Die Reise mit dem Kanzler war [...] enorm interessant – allein schon ihn zu beobachten bei den internen Besprechungen mit den Sachbearbeitern (Außenpolitik, Sicherheit, Wirtschaft etc.): »o. k., ich hab verstanden«, »nein, nicht mehr Details über Rhodesien«, »Warum habt ihr denn die […] in die Ehrenbürger-Rede geschrieben? Das ist doch Quatsch.« usw.

Spannend auch die Verhandlungen mit Blumenthal und Schlessinger über Energie: die Tischrunde im Weißen Haus: Der Präsident, den ich vor 1 Jahr sah, schien in der Zwischenzeit um 10–12 Jahre gealtert, aller Glanz ist weg, die engsten Mitarbeiter: Vance, Brzezinski, Blumenthal wiederum verstimmt und gelangweilt.

Als 2. special guest außer mir war noch Alex Müller, der frühere Finanzminister, mit – wir beide waren stets zusammen (Wagen 4 im Gefolge) eingeteilt und haben uns gut verstanden. Im übrigen war es die anstrengendste Reise, die ich je mitgemacht habe – ein Blödsinn, wie die führenden Leute heute verschlissen werden. Zum Beispiel: Wir kommen nach meiner Uhr gegen Mitternacht in Washington an (Lokalzeit 8 Uhr), zogen uns um und gingen zum Diner zum Botschafter – Herrenessen mit 6 Senatoren und 4 Congressabgeordneten: 3 Std. Diskussion. Als ich schließlich im Bett lag, war meine Uhr 5 Uhr morgens und ich 22 Std. auf den Beinen gewesen.

Am nächsten Tag: Von früh an Verhandlungen in Washington (der Kanzler hatte noch zusätzlich ein 4-Augen-Gespräch von 2 Std. mit dem Präsidenten und 1 Pressekonferenz), dann flogen wir – immer mit der sehr bequemen Bundeswehrmaschine mit Arbeitszimmer und eigener Küche – nach South Carolina, wo es viel deutsche Industrie-Niederlassungen gibt und wo Schmidt zum Ehrenbürger ernannt wurde. Das bedeutete Empfang und Festessen mit 450 Personen, Rede des Kanzlers, in der er über die geistige Verbindung zwischen Amerika und Deutschland, von der

48er-Bewegung bis Einstein und Hitler-Emigration reflektierte – Zwischenruf eines Amerikaners: »Don't forget Volkswagen!«

Dort fuhren wir dann gegen 11 Uhr abends ab: 2000 km nach Norden, landeten in Boston, wo der Tag am nächsten Morgen um 9 Uhr begann mit dem Aufmarsch zur Commencementfeier mit 30 000 Teilnehmern, der dann nach einem Mittagessen die Ehrenbürger-Verleihung folgte, bei der Schmidt wieder eine Rede halten mußte. Hernach Besichtigung eines deutschen Museums und Weiterreise nach New York, wo es im selben Stil weiterging. Für den Kanzler dann nicht einmal auf dem Rückflug Zeit zum Ausruhen, vielmehr erst »Manöverkritik« mit den Sachbearbeitern, dann Pressekonferenz mit den im hinteren Teil mitreisenden Journalisten und schließlich noch 3 Einzelinterviews mit Correspondenten von je 1 Stunde. Soweit ich das aus der Ferne beobachtet habe, waren die nächsten 10 Tg. hier in der Bundesrepublik nicht viel anders.

Wönning, unsere Zweisamkeit ist immer zu kurz für zwei normalerweise in splendid isolation lebende Leute, die sich ja nicht so rasch in die veränderte Lebensweise hereinfinden – ich meine, es braucht immer ein paar Wochen, bis man sich daran gewöhnt, und dann muß man sich auch gleich wieder trennen. Das nächste Mal sollten wir gleich mit der letzten Woche anfangen.

Sei umarmt, Alte

M

DER »INTERNATIONALE FRÜHSCHOPPEN«, eine von Werner Höfer moderierte Diskussionsrunde des Westdeutschen Rundfunks, ist der Vorläufer des »Presseclubs«. Jeden Sonntagmittag zwischen 12 und 13 Uhr diskutieren fünf Journalisten aus unterschiedlichen Ländern über aktuelle Themen aus Politik und Weltgeschehen. Die Sendung wird in Rundfunk und Fernsehen übertragen. Marion Dönhoff wird von Werner Höfer regelmäßig dazu eingeladen und ist eine der wenigen Frauen, die an dieser Runde teilnehmen.

23. Juli 1979

Lieber Herr Höfer,

einen Nachtrag zum gestrigen Frühschoppen: Ich habe seit ein paar Tagen ein neues Auto, das 7 Zentimeter breiter ist als das alte, und da ich Millimeterarbeit gewohnt bin, können Sie sich die Konsequenzen vorstellen.

Heute morgen stand vor mir ein arg ramponierter kleiner Opel. Beim Anfahren stellte sich heraus, daß er stehenbleiben wollte, und beim Umrunden gab es gewisse Geräusche, die meine Stoßstange und sein Hinterteil betrafen. Da die Besitzer von verbeulten und verrosteten Autos in solchen Situationen besonders gefährlich sind, weil sie hoffen, durch eine kleine Schramme zu einer neuen Karosserie zu kommen, ich überdies im Rückspiegel sah, daß der Besitzer – ein besonders dicker Mann – ausstieg und kopfschüttelnd sein Hinterteil betrachtete, hielt ich es für ratsam, auch auszusteigen. Ich ging auf ihn zu – ein bißchen verängstigt, denn seinem starren Blick entnahm ich, daß er mich wohl fressen würde ... Da sagte er: »Mensch, Sie habe ich ja gestern im Frühschoppen gesehen. Nu, da fahren Se mal gleich weiter.« Mit diesen Worten winkte er mir freundlich zu, und ich enteilte erleichtert. Sie sehen, wozu der Frühschoppen alles gut ist!

Herzlich grüßend

Ihre Marion Dönhoff

HELMUT SCHMIDT und Marion Dönhoff kennen sich seit den fünfziger Jahren. Von 1974 bis 1982 ist Schmidt Bundeskanzler. 1983 wird er Marion Dönhoffs Kollege als Mitherausgeber der *Zeit* werden. In einer Laudatio sagt er später einmal über sie: »Marion Dönhoff wäre eine bedeutende Bundespräsidentin geworden, hätte ihr Lebensweg sie in dieses Amt geführt. Aber auch ohne Ämter und Titel gehört sie in die Reihe von Theodor Heuss und Gustav Heinemann und Richard von Weizsäcker. Sie alle haben für uns Deutsche mit persönlicher Autorität die Moral in der Politik vorgelebt. So auch Marion Dönhoff. Ihr Adel [...] hat sich nicht aus ihrer Herkunft ergeben, sondern aus ihrem Willen und ihrer Haltung.«

Herrn Bundeskanzler
Helmut Schmidt
Adenauer-Allee 139–141
5300 Bonn 1

21. Januar 1980

Lieber Helmut,

da Sie gelegentlich gesagt haben, es sei für Sie hin und wieder nicht ohne Interesse, meine Gedanken zur politischen Lage zu erfahren, würde ich Ihnen diese heute gerne einmal unterbreiten. Die Grundthesen Ihrer – unserer – Außenpolitik sind doch

1.) engste Solidarität mit Amerika;

2.) möglichst umfassende Normalisierung mit der Sowjetunion.

Bisher ließ sich dies gut miteinander vereinen. Das wird jetzt immer schwieriger. Wenn wir uns angesichts der derzeitigen Lage das Wohlwollen der Amerikaner erhalten wollen, ohne das begrenzte Vertrauen der Russen ganz zu verlieren, müßten wir, glaube ich, zunächst einmal auf dem iranischen Krisenschauplatz uns konzentrieren.

Hinsichtlich des Iran kann man doch wohl von zwei Prämissen ausgehen: Erstens, auch dem störrischen Alten, der da in Ghom auf seinem Teppich sitzt und »viel Feind, viel Ehr« praktiziert, wird zwischen zwei feindlichen Supermächten jetzt nicht mehr ganz wohl zumute sein. Wenn er sich umschaut, gibt es eigentlich nur noch die Europäer, die vielleicht für ihn nützlich sein könnten.

Zweitens, die Iraner werden ihr einziges Pfand, die Geiseln, unter keinen Umständen freilassen. Das einzige, wozu sie vielleicht bereit sein könnten, wäre, ihnen innerhalb Teherans gewisse Erleichterungen zu gewähren.

Darum meine ich, die Europäer, und das heißt Giscard und Sie, müßten Chomeini unter Hinweis auf seine Asylzeit in Frankreich vorschlagen, er möge doch die Geiseln, statt sie gefesselt in der Botschaft zu halten und damit die Weltmeinung gegen sich aufzubringen, in einem Hotel unter Hausarrest stellen. Isolieren und bewachen kann er sie dort schließlich ebenso wie in der Botschaft.

Wenn das gelänge, wäre Carter mindestens für einige Zeit den wachsenden Druck seiner Bevölkerung los, und Sie persönlich hätten in Amerika einen so dicken Stein im Brett, daß man Ihnen nachsehen würde, wenn Sie nicht allen Unsinn an Repressalien gegen die Sowjetunion mitmachen.

Vielleicht hat ja Giscard schon früher vergebliche Schritte unternommen, aber das sollte nicht hindern, es jetzt unter verändertem Vorzeichen im Verein mit Ihnen und vielleicht auch mit mehr Engagement noch einmal zu versuchen.

Möglich, daß dies alles Unsinn ist, aber in so prekären Zeiten muß man ja versuchen, auch mit Hilfe von Splittern eine Brücke zu bauen.

Herzlich grüßend

Ihre Marion

ZUNEHMEND WENDEN SICH junge Menschen der inzwischen siebzigjährigen Marion Dönhoff zu mit der Bitte um Rat. Sie antwortet auf Briefe, nimmt Einladungen in Schulen an und diskutiert mit den Schülern.

Lieber Volker L.,

wenn man jung ist, meint man immer, das Leben beginnt erst hinter dem blauen Horizont – man wartet und wartet und verpaßt Jahre und Jahrzehnte darüber.

Ich meine, daß jeder Tag zählt, es ist ziemlich gleich, was man tut. Wichtig ist nur, daß man es mit vollem Einsatz, Engagement und Passion tut. Es muß Spaß machen, und ob es das macht, hängt weit mehr von einem selbst als von den Umständen ab.

Grüße, gute Wünsche und viel Glück!

Marion Dönhoff

5. Dezember 1980

Lieber Herr N.,

ich habe noch einmal über Ihre Frage nachgedacht, ob es mir sinnvoll erscheint, Kriegsdienstverweigerung nicht grundsätzlich vor der Einberufung zum Ausdruck zu bringen, sondern die Entscheidung von den Erfahrungen in der Bundeswehr abhängig zu machen.

Ich finde die Frage nicht ganz leicht zu entscheiden, denn im Grunde ist dies ja eine Entscheidung prinzipieller Natur, die nicht von Erfahrungen abhängt. Ich muß aber sagen, daß ich bei Ihnen den Eindruck hatte, daß Sie sich die Beantwortung dieser Frage besonders schwer machen, weil Sie sich ganz sicher sein wollen, voll und ganz für Ihre Entscheidung einzustehen. Das finde ich wiederum sehr einleuchtend.

Also in einen Satz gebracht: Obgleich Ihre Art zu verfahren logisch vielleicht einen gewissen Bruch aufweist, finde ich das Entscheidende doch die Motive, die hinter Ihrem Entschluß stehen, den ich eben darum bejahen könnte.

Mit bestem Gruß

Marion Dönhoff

9. Oktober 1981

Lieber Herr D.,

es tut mir leid, daß ich auf Ihren so beherzigenswerten Brief vom 2. 9. erst heute antworte, aber ich war erst in Südafrika und anschließend auf Urlaub, so daß ich ihn erst heute zu Gesicht bekam.

Ihrer Ratlosigkeit gegenüber muß jede Antwort total inadäquat erscheinen, denn Sie stellen wirklich die sozusagen letzten und schwierigsten Fragen. Darum will ich es auch nicht mit einer Antwort versuchen, sondern mich auf einen Hinweis beschränken.

Ich glaube, wir sollten unsere Sorgen, Probleme und potentiellen Katastrophen nicht verabsolutieren. Wenn man sich etwas mit Geschichte beschäftigt, sieht man, daß eigentlich jede Generation – ob es sich nun um den 30jährigen Krieg, der Deutschland ganz und gar verwüstet hat, handelt oder um meine Generation, die durch so vieles hindurchmußte – ihre großen Probleme hatte. Sie alle standen im Grunde vor denselben Fragen.

Nehmen Sie nur einmal meine Generation: Erst die Hitlerei. Wenn man, wie ich, auf der Gegenseite stand, war man sich ständig der Gefahr bewußt, im KZ zu landen. Dann kam der Krieg. Von meiner Familie sind von neun Leuten, die auszogen, nur zwei wiedergekommen. Dann der Verlust der Heimat und die völlige Ungewißheit, wie es weitergehen sollte, als man hier im Westen ohne Job, ohne Dach über dem Kopf, ohne etwas zu besitzen mit zehn Millionen anderen Flüchtlingen ankam.

In ihrem Büro im sechsten Stock des Hamburger Pressehauses

Ich glaube, daß die heutige Generation so enorm sensibilisiert wird dadurch, daß man in dieser – wie es so schön heißt – interdependenten Welt ständig alle Katastrophen, Unglücke und Ungerechtigkeiten am Fernsehschirm oder in den Zeitungen miterleben muß. Das bedeutet, daß man sich vielmehr unabhängig machen muß von dem Geschehen in dieser Welt und dem, worüber die Leute reden, und daß man lieber ein paar wesentliche Bücher lesen sollte, sich ein bißchen abschottet gegen die Hysterie und auch das Modische, was ein bißchen ja in jeder Zeit eine Rolle spielt, meine ich.

Ich schicke Ihnen ein Buch mit, das ich vor ein paar Jahren geschrieben habe und das den Titel trägt »Menschen, die wissen, worum es geht«. Vielleicht wird das eine oder andere Porträt Sie interessieren.

Ich wünsche Ihnen von Herzen alles Gute. Lassen Sie sich nicht entmutigen. Man muß sich nur auf das beschränken, was man im eigenen Umkreis bewirken kann. Man denkt immer, das Leben und die große Bewährung, der man gewachsen sein möchte, beginne erst hinter dem blauen Horizont. Aber so ist es nicht: Dies alles hat bereits begonnen, und man steht mitten drin in dem Prozeß.

Ihre Marion Dönhoff

5. Mai 1982

Liebe Andrea H.,

Sie fragen, welches Studium als Vorbereitung auf den Journalisten-Beruf am geeignetsten ist. Es kommt darauf an, in welche Richtung Ihre Interessen gehen, denn das ist das Wichtigste. Wenn Sie mehr zum Feuilleton neigen, würde ich Germanistik mit Betonung auf Literaturwissenschaft – vielleicht auch Kunstwissenschaft – studieren. Wenn Sie mehr zur Politik neigen, würde ich Geschichte und das, was heutzutage Politikwissenschaft heißt, belegen.

Am wichtigsten ist eigentlich, sich einen möglichst großen Überblick über das, was man früher einmal Allgemeinbildung nannte, zu verschaffen, also über Literaturgeschichte, Kunstgeschichte, Philosophie. Im Grunde sollte man gar nicht so sehr an den Beruf des Journalisten beim Studium denken, sondern seine Interessen erweitern und sich möglichst viele Kenntnisse aneignen. Das Fachliche spielt dabei gar nicht einmal die größte Rolle.

Und nun zu Ihrer zweiten Frage: natürlich können Sie ein Schüler-Abonnement bekommen. Ich füge unser Impressum, aus dem Näheres hervorgeht, bei.

Mit besten Grüßen

Marion Dönhoff

ANDERE LESER erinnern Marion Dönhoff zum Beispiel an ihre Schul- und Studentenzeit. Ein Schweizer Leser fragt: »Wo haben Studenten in der damaligen guten alten Zeit gewohnt, welche Lokale haben sie frequentiert, wo und wie in Basel wurde der Hunger nach Kultur gestillt?«

30. April 1985

Sehr geehrter Herr K.,

Ich habe seinerzeit in Basel in der Augustinergasse gewohnt bei einer alten Dame, die Amsler hieß. Das Haus war nur ein Zimmer breit. Unten wohnte besagte Frau Amsler, und oben hatte ich ein Zimmer mit herrlichem Balkon, von dem aus ich auf den Rhein und die Kleinseite sehen konnte. An Lokalen erinnere ich nur, daß wir im »Globus«, das war damals ein Kaufhaus (das es vielleicht auch heute noch gibt) im obersten Stock nach dem Seminar von Professor Salin Kaffee tranken und würfelten.

Es gab noch eine Reihe kleinerer alter Kaschemmen, aber wie die hießen und wo sie genau lagen, weiß ich heute nicht mehr.

Das Theater war großartig, weil Karl Ebert aus Berlin nach Basel als Intendant geflüchtet war. Im übrigen nahmen natürlich politische Diskussionen in jenen frühen dreißiger Jahren enorm viel Zeit in Anspruch.

Mit besten Grüßen

Marion Dönhoff

SEIT IHREM DREIMONATIGEN Aufenthalt bei ihrem Bruder Christoph im damaligen Britisch-Ostafrika (Kenia) Anfang der dreißiger Jahre ist Marion Dönhoff von Afrika fasziniert. Zahlreiche spätere Reisen durch den Kontinent vertieften ihre Anteilnahme am Schicksal der schwarzen Bevölkerung. Seither setzt sie sich auf vielfältige Weise für die Gegner der Apartheidspolitik ein. Gegenüber dem Börsenverein in Frankfurt verteidigt sie ihren Vorschlag, den Friedenspreis des Deutschen Buchhandels 1980 an den schwarzen Erzbischof Desmond Tutu zu vergeben. Mit Tutu, den sie während ihrer Reisen nach Südafrika regelmäßig trifft, teilt sie seit Jahren die Sorgen um das politische Schicksal des Landes.

19. März 1980

Liebe Frau Asmuss,

beim Bischof Tutu ist zu bedenken, daß alle übersandten Ansprachen und Predigten für ein schwarzes Publikum bestimmt sind. Es ist ferner zu bedenken, daß seine ganz große Schwierigkeit die ist, eine schwarze Gemeinde von Christen in einer Kirche zu halten, die von ihren weißen Brüdern in höchst unchristlicher Weise behandelt wird. Sie wissen, daß die Apartheid nicht zuläßt, daß Schwarze neben Weißen in der Kirche sitzen. Mit anderen Worten: Sie dürfen sie zwar ausfegen, aber nicht dort beten.

Der Bischof Beyers Naudé, der, wie alle aufrechten Christen, größte Schwierigkeiten in Südafrika hat und seit drei Jahren gebannt ist, ist jetzt aus seiner reformierten holländischen Kirche, die die Apartheid besonders streng übt, ausgetreten und in die schwarze Kirche eingetreten. Ich erwähne dies, weil man auch hinsichtlich der Preisverleihung wissen muß, daß die schwarze Kirche in Südafrika genötigt ist, kämpferisch aufzutreten und daß sie darum in einem gewissen Maße in Opposition zur Regierung steht. Das heißt, man muß sie stützen, und darum wäre eine Auszeichnung von Bischof Tutu eine große Ermutigung. Man muß sich auf der anderen Seite klar darüber sein, daß dies manche Leute in Pretoria ärgern wird.

Ich füge noch einmal drei neue Reden von Tutu bei, aus denen man die Entwicklung, in der er sich jetzt befindet, gut ersehen kann. Ich habe die einschlägigen Stellen angestrichen.

Mit besten Grüßen

Ihre Marion Dönhoff

P. S. Ich bitte Sie, liebe Frau Asmuss, mir alle Unterlagen wieder zurückzuschicken, da ich vielleicht gelegentlich ein Porträt von Tutu schreiben will.

Marion Dönhoffs Engagement hat in diesem Fall nicht den gewünschten Erfolg. Den Preis erhält der aus Nicaragua stammende Theologe Ernesto Cardenal.

EIN GROSSER FAMILIENGEBURTSTAG steht bevor: Yvonne wird achtzig Jahre alt. Runde Geburtstage werden bei den Dönhoffs gern zum Anlass für ein großes Familienfest genommen. Diesmal werden siebzig Familienmitglieder aus aller Welt erwartet. Eine Nichte, die in London lebt, wird für die Vorbereitungen eingespannt.

1 . August 1980

Liebe Isabelle,

wir besprachen neulich, was man Yvonne zu ihrem 80. Geburtstag schenken sollte. Am nötigsten braucht sie silberne Messer und Teelöffel, weil ihr das gesamte Silber im vorigen Jahr gestohlen worden ist. Große Gabeln und Suppenlöffel hat sie inzwischen

Schwester Yvonne in ihrem Garten auf Ischia

von Freunden geschenkt bekommen. Aber, wie gesagt, alles übrige fehlt.

Nun schreibt mir Jeannette Hesse, daß es in London einen fabelhaften Silber-Flohmarkt gibt, und die Frage wäre, ob Du so nett wärst, einmal dorthin zu gehen und zu sehen, ob man etwas dort findet und zu welchem Preis. Da wir sehr viele sind, glaube ich, daß wir ihr gut neun Stück von beidem schenken könnten. Alles nähere über diesen Flohmarkt kannst Du der beiliegenden Karte von Jeannette entnehmen. Ob französisch oder englisch, spitz oder rund, das ist, finde ich, vollständig gleichgültig.

Hoffentlich belaste ich Dich hiermit nicht allzu sehr. Aber mir leuchtet ein, daß London der rechte Markt dafür ist.

Alles Liebe

Deine Marion

Isabel findet eine stattliche Auswahl. Dies ist das Familiengeschenk, das Yvonne während der Feier in ihrem Haus auf Ischia überreicht wird.

WIEDER ZURÜCK in der Redaktion in Hamburg, schreibt Marion Dönhoff einen Brief an Willy Brandt und schickt ihm ihren Leitartikel »Jenseits von Wahl und Wahlkampf«. Darin schlägt sie die Bildung eines beratenden Gremiums, bestehend aus unabhängigen Persönlichkeiten des öffentlichen Lebens, vor.

Lieber Herr Brandt,

ich habe neulich in einem Leitartikel, den ich in der Anlage beifüge, einen Vorschlag gemacht, der den Leser etwas unvermittelt
und aus dem Ärmel geschüttelt anmuten mag. Aber ich würde
doch gern fragen, ob Sie sich vorstellen können, ob man ein solches Projekt näherer Erwägung unterzieht.

Ich meine nämlich, daß in unseren Demokratien der Druck nach
mehr Teilhabe und Beteiligung immer mehr wachsen wird und
daß diejenigen Demokratien, die, auf die Buchstaben ihrer Verfassung pochend, jede diesbezügliche Modifizierung ablehnen,
die Resignation der jungen Generation geradezu provozieren. Mir
scheint, daß die vielen Bürgerinitiativen unserer Tage ein Beweis
dafür sind, daß jede Zeit sich ihre adäquaten Ausdrucksmittel
sucht. Darum glaube ich, daß ein Rat, wie ich ihn dort kurz skiz-
ziert habe, ein ganz vernünftiges Zusatzaggregat sein könnte.

Gewiß werden die Politiker, die Abgeordneten zumal, aber auch
die Exekutive abwehren mit dem offiziellen Argument »unkon-
stitutionell« und dem heimlichen Motiv: Nur nicht noch mehr
Leute, die den Entscheidunsprozeß beeinflussen oder erschweren!
Ich meine aber, daß ein solcher Plan doch auch für die Politiker
Vorteile haben könnte, indem auf diese Weise der Wildwuchs von
Bürgerinitiativen unter Umständen ein bißchen kanalisiert werden kann. Ein solcher Rat könnte also eventuell Nützliches bewirken, während es zu keinerlei negativen Konsequenzen kommen
kann, weil er ja – da in der Verfassung nicht vorgesehen – keine
Kompetenzen hat, also schlimmstenfalls wirkungslos ist und wieder verschwindet.

Ihre Kritik, Zustimmung oder Ablehnung, würde mich sehr interessieren, weil ich dieses Thema, wenn Sie es überhaupt diskutabel finden, gern am Kochen halten möchte – wobei Ihre Antwort natürlich nicht einen Leserbrief provozieren, sondern nur meiner Information dienen soll.

Mit besten Grüßen
Ihre sehr ergebene
Marion Dönhoff

Im Gespräch mit Willy Brandt

In seiner ausführlichen Antwort begründet Brandt, warum er zu dem Ergebnis kommen müsse, dass Marion Dönhoffs Anregung schwer zu folgen wäre. »*Das eigentliche Problem der Demokratien in unserer Zeit ist wohl, daß es zunehmend schwerfällt, einmal getroffene politische Entscheidungen von einiger Tragweite auch durchzusetzen, weil sich fast immer irgendwelche Gruppen benachteiligt fühlen und also entgegenzuwirken versuchen.*«

JEDES JAHR ERHÄLT Marion Dönhoff von der niederländischen Königin Beatrix und ihrer Familie einen handgeschriebenen Gruß mit den besten Wünschen zu Weihnachten und zum neuen Jahr. Marion Dönhoff erwidert die Grüße und schickt der Königin bei der Gelegenheit ihr neuestes Buch, hin und wieder auch einen ihrer Leitartikel. Des Öfteren wird sie auch zu privaten Anlässen im kleinen Kreis an den niederländischen Hof eingeladen.

30. September 1982

Ew. Majestät,

jetzt ist schon eine Reihe von Tagen vergangen, und ein neues Wochenende bricht an – aber so schön wie das vergangene wird es nicht sein. Es war ganz herrlich in Het Loo, und ich habe alles unendlich genossen: die beiden Abende, das Museum, die schöne Fahrt viererlang durch den Wald. Seit Ostpreußen hatte ich dieses wunderbare Geräusch nicht mehr gehört: den Rhythmus des Hufschlags auf einer harten Straße, das Mahlen der Räder im Sand und den metallischen Klang von Kieselsteinen, die gegen die Speichen schlagen.

Ich hatte längst Dank sagen wollen, aber die letzte Woche mit den Bonner Ereignissen war so aufregend und die Tage mit Diskussionen derart angefüllt, daß ich einfach nicht dazu kam. Jetzt warten wir alle bangen Herzens darauf, was die ersten Monate der neuen Regierung bringen werden. Merkwürdigerweise ist der angeblich gescheiterte Kanzler Schmidt als Sieger aus dem Zusammenbruch hervorgegangen. Seit Bismarck hat kein deutscher Kanzler einen solchen Abgang gehabt.

Zu meinem allergrößten Bedauern hörte ich, daß Prinz Claus erkrankt ist. Ich darf ihm baldige und vollständige Genesung wünschen und Ihnen, Majestät, noch einmal von Herzen Dank sagen.

Ihre sehr ergebene
Marion Dönhoff

MARION DÖNHOFF UNTERSTÜTZT russische Dissidenten, von denen sie einige persönlich kennt. In einem besonderen Fall bittet sie Klaus Mehnert um Hilfe. Mehnert ist Journalist, Publizist und Autor zahlreicher Bücher. Als Experte für Ost- und Asienpolitik beriet er die Bundeskanzler von Konrad Adenauer bis Helmut Schmidt.

24. Januar 1983

Lieber Klaus,

dies ist ein Brief von Frau Sacharow an Heinrich Böll, der nicht zum Veröffentlichen gedacht ist, der aber, wie ich finde, so herzzerreißend ist, daß man einfach irgend etwas tun muß – mindestens nicht aushält, nichts zu tun.

Ich habe Sacharow einmal in Moskau verhältnismäßig ausgiebig in seiner Wohnung gesprochen und hatte das Gefühl, kaum je mit einem so sublimierten, gütigen und souveränen Menschen zusammen gewesen zu sein: Er wirkte auf mich fast wie ein abgeklärter, buddhistischer Mönch.

Ich weiß, wie ungern man sich entschließt, andere Leute um prekäre Interventionen zu bitten, und es mag auch sein, daß Julian gar nichts tun kann; aber ich denke, man müßte es doch versuchen. Da Sie ihn voraussichtlich im Februar sehen werden, bitte ich Sie sehr zu erwägen, ob Sie ihn nicht für diesen Fall ein wenig erwärmen können. Man dürfte ihm nur den Brief nicht zeigen, weil das vielleicht negative Reaktionen für Sacharow haben könnte. [...]

Es wäre schon eine große Hilfe, wenn Andrej Sacharow in das Moskauer Krankenhaus der Akademie, wo die Ärzte ihn seit Jahren kennen und behandelt haben, eingeliefert werden könnte, sofern sich die Führungsspitze nicht dazu entschließt, ihn ausreisen zu lassen. Bisher hat sich Sacharow immer geweigert, Rußland zu verlassen, aber er ist jetzt in einem so verzweifelten Zustand, daß er freiwillig gehen würde.

Bei seinen Krankheiten handelt es sich um schwere Herzstörungen, die, glaube ich, schon einmal zu einem Herzinfarkt geführt haben, und natürlich um viele andere Unbilden, die sich jetzt in der Zeit der Isolierung herausgestellt haben.

Lieber Klaus, ich hoffe sehr auf Ihre Mithilfe. Wenn ich Julian besser kennte, wäre ich sehr bereit, ihm selber zu schreiben; aber ich glaube, daß Sie der weitaus geeignetere Interpret sind.

Herzlich grüßend

Ihre Marion

BEI MARION DÖNHOFF LANDET vieles auf dem Schreibtisch, was nicht unmittelbar mit ihrer journalistischen Tätigkeit zu tun hat, so auch Umfragen und Fragebogen. Meist lehnt sie das Ausfüllen solcher Formulare ab. Bei dem Fotografen Stefan Moses, der sie öfter porträtiert hat, macht sie jedoch eine Ausnahme.

8. August 1983

Lieber Stefan Moses,

hier sind meine Antworten. Sie sind nicht besonders wortreich geworden, aber ich bin mehr für die Kürze.

Es war sehr nett, Sie einmal wiederzusehen.

Mit allen guten Wünschen

Ihre Marion Dönhoff

1. Welche Zeiten in Ihrem Leben waren für Sie die wichtigsten? Welche die glücklichsten?

Die glücklichsten: meine Kindheit in Ostpreußen.

Die wichtigsten: daß es mir vergönnt war – im vollen Wissen um die kurze Zeit, die uns damals dort noch blieb –, einem alten Besitz in eigener Verantwortung vorzustehen und zu helfen, ihn in einen modernen landwirtschaftlichen Betrieb zu verwandeln.

2. Was bedeutet Ihnen neben Ihrer Arbeit am meisten?

Landschaft, Bilder, Lesen.

3. Gibt es ein Ziel?

Nein, nicht auf das Ziel kommt es an – hehre Ziele hat jeder, angeblich auch die Terroristen –, sondern auf die Mittel, mit denen

Ein Porträt des Fotografen Stefan Moses

es erreicht werden soll. Worauf es also ankommt ist, so meine ich, das jeweils Erforderliche mit Anstand, Toleranz und Courage, das heißt ohne Angst und Zögern zu tun.

4. Was ist das Alter? Wie empfinden Sie Ihr Alter?
Da ich einstweilen von keinerlei Leiden geplagt werde, habe ich das Alter noch gar nicht bemerkt – außer daß es mir leichter als früher fällt, Geduld zu haben und gelassener zu sein.

5. Gab es in Ihrem Leben Stationen, in denen Sie in Konflikt mit Ihrer Zeit und Gesellschaft gerieten?
Ganz ohne jeden Zweifel: die Hitler-Zeit.

DIE HERAUSGEBERIN der *Zeit* bittet im »heißen Herbst« die verantwortlichen Politiker der großen Parteien um eine Stellungnahme zum Thema Nachrüstung und Friedensbewegung – so auch den ehemaligen Verteidigungsminister und damaligen Ministerpräsidenten von Bayern, Franz Josef Strauß.

Sehr geehrter Herr Strauß,

ich weiß, Sie machen gerade Urlaub, und da ist Ihnen sicherlich nicht danach zumute, anderer Leute Artikel zu lesen. Ob ich Sie dennoch bitten darf, einen Blick auf meinen Aufsatz in der heutigen Ausgabe der ZEIT zu werfen und eventuell dazu Stellung zu nehmen?

Ich finde die Polarisierung, die derzeit in diesem Lande stattfindet, sehr beängstigend, zumal ich glaube, daß die Langzeitwirkung von Mißtrauen, Haß und Verbitterung viel schlimmer sein wird als der Heiße Herbst selber, der ja letzten Endes auch wieder vorübergeht.

Ich denke, man muß versuchen, die Diskussion wegzubekommen von der Arena, in der der Ringkampf zwischen den Befürwortern der Nachrüstung und der Friedensbewegung stattfindet, und die Fragestellung an einen anderen Ort verlegen. Darum habe ich einmal versucht darzustellen, daß man die Ost-West-Beziehungen nicht allein auf den militärischen Bereich beschränken darf, sondern daß man sie ausweiten muß über das ganze Feld der Politik – weil ja die Probleme nur politisch und nicht militärisch gelöst werden können. Da ich meine, daß dies kein beiläufiger Einfall eines ephemeren Journalisten bleiben sollte, sondern daß dieser Aspekt von verantwortlichen Politikern diskutiert werden müßte, wollte ich um einige Beiträge aus berufener Feder bitten. Außer Ihnen habe ich Ministerialdirektor Teltschick gefragt sowie Alois Mertes, Horst Ehmke und Karsten Voigt. Die Idee ist, daß jeder, der dazu bereit ist, 2–4 Seiten à 30 Zeilen (oder auch weniger) schreibt. Termin: wenn möglich, bis zum 9. September.

Auch wenn Sie sich zu dieser »Arbeit« nicht entschließen können, was ich sehr bedauern, aber durchaus verstehen würde, bin
ich ohne Rachegefühle und wünsche Ihnen von Herzen gute Ur-
laubstage.

Mit besten Grüßen

Ihre Marion Dönhoff

ZUM ALLTAG der Herausgeberin gehört die Beantwortung zahlreicher Leserbriefe, durchschnittlich einhundert pro
Woche. Nach der Rückkehr von Reisen türmen sich die Postberge
auf ihrem Schreibtisch. Daher muss sie ihre Antworten kurz bis
sehr kurz halten, nur selten wird es einmal etwas länger.

11. Oktober 1983

Lieber Herr Dr. K.,

vor zwei Tagen kam ich aus dem Urlaub zurück und ging miß-
mutig an meinen Schreibtisch, weil dieser mit einem Kubikmeter
Bücher und fast ebensoviel zu erledigendem Papier bedeckt war.
Zufällig lag Ihr Brief obenauf, und nach einer kurze Schreckse-
kunde (wegen der Länge) las ich ihn von Seite zu Seite mit stei-
gender Faszination: Aller Mißmut verflog. Wie viele subtile Beob-
achtungen: die Sache mit den Interviewern; mit dem Wandel des
Journalismus; mit dem Verhältnis Professoren versus Zeitungen.
Was für eine Freude, daß es jemanden gibt, der mit so viel unbe-
irrbarem Interesse, so viel kritischem Sinn und wohlwollendem
Beteiligtsein unsere Zeitung liest, wo man doch im allgemeinen
nur Negatives zu hören bekommt, weil die meisten Leser nur zur

Feder greifen, wenn sie ihrem Ärger über irgendetwas Luft machen wollen.

Ich hatte mir einen Literaturwissenschaftler immer ganz anders vorgestellt, jedenfalls hätte ich es nie für möglich gehalten, daß er Artikel über Währungsfragen und Rüstungsprobleme liest, am Nahen Osten interessiert ist und an soziologischen Themen – und dies über Jahre – und dann auch noch alles mit Akribie in einem nie versagenden Gedächtnis speichert. [...]

Sie meinen, daß ein verhältnismäßig homogener Stil kennzeichnend für die Redakteure sei. Mit dieser Bemerkung haben Sie mir persönlich eine besondere Freude gemacht. Ich habe in den Jahren, in denen ich verantwortlich war – das begann im Grunde schon 1956 –, immer nur auf zwei Dinge geachtet: daß die neu hinzukommenden Kollegen kompetent sind und daß sie in etwa das gleiche moralische und intellektuelle Koordinatensystem haben. Wenn diese beiden Voraussetzungen erfüllt sind, muß man jeden machen lassen, denn ein Chefredakteur kann nicht – wie der Bundeskanzler – die »Richtlinien der Politik« angeben.

Ich muß es noch einmal sagen: Es ist einfach bewundernswert und hat mich wirklich sehr angerührt, daß jemand, der sicherlich wie wir alle viel zu tun hat, sich die Zeit nimmt (das einzig Wertvolle, was wir besitzen) und einen so ausführlichen, liebevoll durchdachten, analysierenden Brief schreibt. Gern würde ich versuchen, diese Freude zu vergelten auf eine Weise, die Sie hoffentlich nicht anmaßend finden: Mit gleicher Post geht eines meiner Bücher an Sie ab.

Mit Dank und allen guten Wünschen
Ihre Marion Dönhoff

SEIT BEGINN IHRER journalistischen Tätigkeit schreibt Marion Dönhoff im Juli jeden Jahres einen Artikel zum Gedenken an den Tag des gescheiterten Attentats auf Hitler. 1984 macht sie dem Schweizer Dramatiker Friedrich Dürrenmatt einen Vorschlag.

20. Juli 1984

Lieber Herr Dürrenmatt,

ich habe während der letzten Monate hin und wieder versucht, festzustellen, ob es möglich sei, Sie einmal in der Schweiz oder hier in Deutschland zu treffen. Nicht erwähnt habe ich dabei, daß diesem Wunsch ein ganz konkretes, egoistisches Motiv zugrundeliegt.

Ich darf es Ihnen kurz schildern: Ich war sehr eng befreundet mit einigen Leuten vom 20. Juli, mit denen ich in jener Zeit zusammengearbeitet habe, und es schmerzt mich sehr, daß es offenbar unmöglich ist, der heutigen Generation etwas von dem Geist und den Wertvorstellungen dieser Menschen zu vermitteln. Die Historiker sind dazu am allerwenigsten in der Lage, denn sie neigen dazu, jene absurde Zeit mit der heutigen Elle zu messen.

Ich meine, die einzige Art, in der es vielleicht gelingen könnte, etwas von dem dramatischen Geschehen zu vermitteln, wäre die Übersetzung in eine künstlerische Form. Es gibt heute nicht mehr viele, die an jenen Ereignissen in irgendeiner Weise beteiligt waren und die mithin die Atmosphäre und die Akteure kennen.

Für mich trifft dies zu, und darum fühle ich mich in gewisser Weise verpflichtet, darüber nachzudenken, was man machen könnte. Das Sinnvollste wäre es, ein Stück zu schreiben. Schreiben ist mir zwar nach vieljähriger Beschäftigung in diesem Metier nicht fremd, aber ob es einem ephemeren Journalisten gelingen kann, ein Stück zu schreiben, ist mehr als fraglich. Und eben darum würde ich so gern einmal eine Stunde mit Ihnen reden dürfen, um mir darüber klar zu werden, wie man gegebenenfalls ein solches Unternehmen starten beziehungsweise, wie man es strukturieren, also den Aufbau konzipieren müßte.

Ich weiß, es ist sehr vermessen, und wenn ich nicht eine Art Verpflichtung empfinden würde, würde ich im Traum nicht daran denken, so etwas zu unternehmen. Ich habe gerade zum 40. Jahrestag des 20. Juli eine Seite in der ZEIT geschrieben, die ich beifüge; desgleichen eine Schrift, die ich 1945 gleich nach Kriegsende verfaßt habe, weil ich glaubte, daß viele der Hinterbliebenen bei der hohen Geheimhaltung, die notwendig war, vielleicht gar nicht wußten, warum ihre Männer oder Brüder hingerichtet worden waren. Es war damals das erste, was über den 20. Juli erschien und ist darum natürlich lückenhaft. Nur gibt es in etwa eine Idee von dem geistigen Hintergrund.

Hoffentlich falle ich Ihnen nicht allzu sehr zur Last schon allein mit der Lektüre dieses Briefes. Ich darf vielleicht noch hinzufügen, daß ich am 28. September zu einer Diskussion mit Carl Friedrich von Weizsäcker in Basel bin und gegebenenfalls danach zur Verfügung stehe. Nur möchte ich eines betonen: Wenn Sie das Ganze für vollkommen abwegig halten, sollten Sie es mir ehrlich sagen und keine Zeit darauf verschwenden.

Mit besten Grüßen
Ihre Marion Dönhoff

Marion Dönhoff, 1984

Friedrich Dürrenmatt hält das Thema 20. Juli ebenfalls für außeror-
dentlich wichtig, sieht es aber für sich persönlich als zu schwierig an,
darüber ein Theaterstück zu schreiben. Diese Haltung begründet er
in einem ausführlichen Brief.

AM ENDE DES JAHRES 1984 wird Marion Dönhoff
fünfundsiebzig Jahre alt. Zu ihren Ehren gibt der Hamburger
Senat ein Essen im Rathaus. Marion Dönhoff bedankt sich mit
einer Ansprache.

Sehr geehrter Herr Bürgermeister, meine Herren Senatoren, meine Damen und Herren,
Es ist für mich eine ganz außerordentliche Freude, daß die Stadt,
die mir zur zweiten Heimat geworden ist, mich heute und hier
in solcher Weise ehrt, denn das beweist doch, daß auch die Stadt
mich als einen ihrer Bürger angenommen hat.
Als ich 1945 nach wochenlangem Ritt über die winterlichen Landstraßen des Reiches, wie man damals noch sagte, im Westen ankam, hätte ich nie gedacht, daß ich den Verlust der Heimat je
würde überwinden können. Aber ein glücklicher Zufall führte
mich damals nach Hamburg, wo die Art der Menschen, miteinander umzugehen, und die Einstellung zum Leben der des Ostens
sehr ähnlich ist und wo die Wiesen und Wälder am Klövensteen –
in dessen Nähe ich wohne – mich sehr an Ostpreußen erinnern.
Es hat übrigens schon vor 150 Jahren eine gewisse Verbindung
zwischen dieser Stadt und meiner Familie gegeben. Mein Großvater, August Heinrich Dönhoff, war von 1842 bis 1848 preußischer
Gesandter am Bundestag in Frankfurt und zeitweise dessen Präses.

Es waren 34 souveräne Fürsten und vier freie Reichsstädte, die zusammen den 1815 gegründeten Deutschen Bund bildeten, dessen wichtigste Mitglieder Österreich und Preußen waren. Die Querelen nahmen natürlich kein Ende: Mal löste der oldenburgische Großherzog sie aus, mal war es der Herzog von Braunschweig oder auch die hessischen Kurfürsten.

Die Klagen meines Großvaters über Bürokratie und Partikularismus und darüber, daß keiner bereit war, den Bundesinteressen ein Opfer zu bringen, vielmehr jeder nur an sich dachte, gleichen aufs Haar den Beschwerden, die wir heute – 150 Jahre später – aus Brüssel hören. Des alten Dönhoffs einziger Trost war der hamburgische Gesandte Sieveking, der ähnlich dachte und den er außerordentlich schätzte. Beide waren unglücklich über die Gleichgültigkeit der Fürsten gegenüber der deutschen Frage – so nannte man dieses Problem schon damals. Dönhoff hatte eine besondere Bundeswährung und ein deutsches Bundeswappen nebst deutschen Bundesfarben vorgeschlagen, aber der preußische Außenminister von Bülow wollte Österreich nicht verärgern, und so wurde nichts daraus.

Übrigens waren auch damals schon die Bayern die schwierigsten. Alle Vorschläge Dönhoffs, ein einheitliches Bundessymbol einzuführen, lehnten sie ab. Sie wollten nicht einmal den alten Reichsadler auf den Geschützen der Bundesfestungen Ulm und Rastatt dulden. Die Einstellung der Bayern, die 1949 – 100 Jahre später – die Unterschrift unter das Grundgesetz verweigerten, ist also durchaus konsequent.

Ihnen, lieber Herr von Dohnanyi, danke ich noch einmal für Ihre Worte. Wenn auch nur ein Bruchteil dessen, was Sie an mir rühmen, zutreffen sollte, so wäre ich sehr zufrieden. Als ich neulich – es war beim Flug über den Ozean – zu meiner Überraschung die

Briefe mit den vielen Lobeshymnen in der ZEIT las, meinte ich, einen gewissen Vorgeschmack auf das eigene Begräbnis zu bekommen und empfand dies als höchst vergnügliches Privileg, das nicht jedem zuteil wird.

In diesem Sinne danke ich dem Präsidenten des Senats und seinen Kollegen noch einmal sehr von Herzen.

SEIT ÜBER ZWANZIG JAHREN lebt Marion Dönhoff in der Straße Am Pumpenkamp in einem kleinen, von hohen Bäumen umgebenen Haus im Stadtteil Blankenese. Nach dem Arbeitstag in der Redaktion kehrt sie täglich gegen halb sieben aus der Innenstadt zurück. Sie schaut die 19-Uhr-Nachrichten im ZDF im Fernsehzimmer im ersten Stock, das zugleich als Gästezimmer dient. Um halb acht tischt die Haushälterin das Abendessen auf. Marion Dönhoff isst gewöhnlich wenig. Häufig sind abends Gäste dabei, dann wird das Essen ausgedehnt. Ansonsten erledigt sie es in wenigen Minuten. Im Anschluss setzt sie sich in ihren Lesesessel vor den Kamin und liest die politischen Teile der *Süddeutschen*, der *Frankfurter Allgemeinen Zeitung*, der *Frankfurter Rundschau* und der *Herald Tribune*. Wenn die Haushälterin noch nicht mit dem Hund draußen war, macht Marion Dönhoff einen Spaziergang um den Block oder zum nahegelegenen Goßlerpark. Einen langen Gang macht sie, wenn sie einen Artikel zu schreiben hat. Artikel schreibt sie mit der Hand an ihrem Schreibtisch zu Hause, mit Blick in den Garten. In der Regel schreibt sie spät am Abend. Gegen Mitternacht lässt sie per Knopfdruck die Jalousie herunter. Der nächste Tag beginnt für Marion Dönhoff, die ungern früh aufsteht, gegen halb neun.

ÜBER VIERZIG JAHRE nach dem Unfalltod ihres Bruders Heinrich erhält sie den Brief des damals zuständigen Arztes. Der mittlerweile pensionierte Mediziner ordnet sein Archiv. Er schreibt Marion Dönhoff: »Dabei stieß ich auch auf ein mehrseitiges Gutachten vom Nov. 1942, das ich als damaliger Oberarzt d. R. in dem Kriegslazarett Kauen in einem Sonderauftrag des Leit. San.-Offz. für das Gebiet Litauen gelegentlich der Bergung von neun bei einem Kurier-Flugzeugunfall (U 52) am 15. 11. 1942 bei Punia tödlich verunglückten Wehrmachtsangehörigen am Unfallort zu erstatten hatte. Mit Sicherheit konnte damals auch die Leiche eines Rittmeisters Graf Dönhoff aus Ostpreußen (Name leider unbekannt) identifiziert werden. Meine Frage an Sie: War dieser Rittmeister vielleicht ein Bruder von Ihnen?«

3. Mai 1985

Sehr geehrter Herr Dr. E.,

Ganz besonders herzlich danke ich Ihnen für Ihren Brief vom 29. 4. In der Tat handelt es sich um meinen Bruder Heinrich, der mir besonders nahe stand.

Ich bin seinerzeit in Kowno an seinem Grab gewesen, aber ich höre, daß inzwischen alle Gräber auf jenem Friedhof eingeebnet worden sind.

Natürlich würde mich außerordentlich interessieren, wenn Sie mir noch Einzelheiten über jenen Unfall mitteilen könnten.

Mit bestem Gruß

Ihre Marion Dönhoff

Weitere Informationen kann der Arzt nicht übermitteln.

*Das Haus in Blankenese,
in dem Marion Dönhoff lebt*

Ihr Arbeitsplatz zu Hause, mit Blick in den Garten

Marion Dönhoff an ihrem Schreibtisch

Besuch von Verleger Gerd Bucerius und Chefredakteur Theo Sommer im Wohnzimmer der Herausgeberin

In der Redaktion der Zeit mit Hilde von Lang, Helmut Schmidt,
Theo Sommer und Gerd Bucerius

Konferenz, im Hintergrund Nina Grunenberg

Mit Redakteuren der Zeit

Herausgeberin und Chefredakteur

AUCH IM FORTGESCHRITTENEN Alter, Marion Dönhoff ist inzwischen Mitte siebzig, bleibt sie immer in Bewegung. Sie unternimmt journalistische Reisen ins In- und Ausland, die Ferien verbringt sie meist an denselben Orten, in Italien und im Vorfrühling in der Schweiz. Dort sind Sils Maria im Engadin oder Davos ihre bevorzugten Reiseziele. Meist trifft sie Freunde wie Fritz Stern, oder sie nimmt ihre Freunde gleich mit. 1986 ist sie Gast von Marie Christine (genannt MC) Metternich, einer langjährigen Freundin. Marion Dönhoff liebt lange Spaziergänge im Schnee und Skilanglauf. An einem späten Vormittag kommt sie dabei in hohem Tempo aus der Spur, rutscht auf eine Straße und stürzt auf den Asphalt. Sie hat starke Schmerzen im Rücken, lässt sich aber nicht dazu bewegen, ein Krankenhaus aufzusuchen. Sie erinnert sich daran, was man ihr in der Kindheit gesagt hatte: Wenn es wehtut, ist es nicht schlimm. Als die Schmerzen am Abend unerträglich werden, lässt sie sich von MC Metternich in ein Krankenhaus fahren. Diagnose: ein angebrochener Wirbel. Man behält sie gleich da, sie wird eingegipst und muss die nächsten Wochen strenge Bettruhe halten. Eine schwere Prüfung. Sie bekommt zahlreiche Genesungswünsche, viel Besuch, und bald ist das Krankenzimmer voller Blumensträuße, was sie an eine Beerdigung erinnert. Und sie erhält Hörkassetten zur Aufmunterung – klassische Musik und Sketche von Loriot, den sie besonders schätzt.

Lieber Meister Loriot,

zwar ist die Situation zum Schreiben besonders ungünstig, weil ich seit 5 Wochen nach einem Skiunfall flach auf dem Rücken liegen muß, andererseits ist gerade sie Anlaß für diesen Brief.

Sie können sich überhaupt nicht vorstellen, wie oft und wie dankbar ich Ihrer in diesen Wochen gedacht habe. Irgendein lieber Mensch hatte mir Loriots Festreden und die Dramatische Weihe auf Band geschickt. Sie haben alle Unbilden überstrahlt. Einige – hundert Jahre Philharmonie – habe ich sicher 10 × gehört und jedes Mal Tränen vergossen – auch wenn ich ganz allein war. Es ist einfach großartig – wirklich genial – und ganz und gar einmalig. Und daß Sie überdies auch noch ein Musiker sind, wußte ich gar nicht. Helmut Schmidt, der mich hier besuchte, erzählte von Loriot im Overall am Flügel in Lübeck.

Mit Loriot und seiner Frau Romy

Schreiben in der Horizontale ist sehr schwierig – aber ich mußte Ihnen einfach danken.

Mit Bewunderung und herzlichen Grüßen

Ihre Marion Dönhoff

DER KÜNSTLER Louis von Adelsheim malt für Marion Dönhoff ein wandgroßes, schillernd buntes Bild, das sie in ihrem Krankenzimmer aufhängen lässt. Nach ihrer Entlassung aus dem Krankenhaus schickt die Krankenschwester Lisbeth Reis ihr das Bild nach Hamburg.

Hamburg, 24. Juni 1986

Liebe Lisbeth Reis,

da ist nun also tatsächlich die riesige Rolle angekommen – völlig unversehrt und wundervoll verpackt. Mein Gott, was für eine Arbeit! Vielen Dank für Ihre Sorgfalt. Ich freue mich natürlich sehr, daß ich diese »Wandbekleidung« nun hier habe.

Ich krebse immer noch herum mit Füßen, die nicht recht gehen wollen, und dem Korsett, das heute noch genauso drückt wie am ersten Tag. Aber die Röntgenaufnahme in der vorigen Woche war sehr befriedigend, und ich hoffe, daß ich nun in vierzehn Tagen den Panzer los bin.

Ich denke noch oft an das Zimmer 202 und die rührende – wenn auch gelegentlich autoritäre – Fürsorge von Ihnen.

Sehr sehr herzliche Grüße – auch an die anderen –

Ihre Marion Dönhoff

SCHON FRÜH IN IHREM LEBEN hat Marion Dönhoff gute Erfahrungen mit Krankenschwestern gemacht. Dies wird in einem Gruß deutlich, den sie anlässlich des hundertfünfundzwanzigsten Jubiläums eines Diakonischen Werks verfasst.

Meine Vorstellung von Diakonissen ist in frühen Kindertagen und damals für alle Zeiten geprägt worden durch Schwester Bertchen. Schwester Bertchen gehörte zum Krankenhaus der Barmherzigkeit in Königsberg, in das alle Mitglieder meiner Familie eingeliefert wurden, wenn sie beim Sturz vom Pferd Arm oder Bein gebrochen hatten. In einem besonders langwierigen Fall sind einmal auch zwei Wirbel beschädigt worden. Und da wir sechs Geschwister waren, die sich durch besondere Unternehmungslust auszeichneten, und die Pferde, die uns zur Verfügung standen, sich durch absolute Unbändigkeit auszeichneten, gab es stets jemanden, der krankenhausreif war.

Schwester Bertchen strahlte jedesmal, wenn einer der Dönhoffs als Invalide in der Barmherzigkeit auftauchte. Sie war überhaupt der strahlendste, lustigste und gütigste Mensch, dem ich je begegnet bin.

Wann immer ich etwas von Diakonissen höre, taucht darum ganz automatisch in meiner Erinnerung Schwester Bertchen auf, und irgendwie bin ich überzeugt, daß sicherlich alle Diakonissen ihr gleichen. So gedenke ich denn des Diakonissenmutterhauses anläßlich seines 125. Geburtstages mit ganz besonders herzlichen Gedanken und allen guten Wünschen.

BEI GELEGENTLICHEN Zwischenstationen in Rom besucht Marion Dönhoff David McTaggart, den Gründer und ersten Vorsitzenden der Umweltorganisation Greenpeace.

October 2nd., 1985

Dear David,

full of admiration I have been thinking of you almost every day for the last weeks – or rather months. What an achievement: a few courageous people with a bold vision and a small boat challenging successfully the omnipotent French government! No single man could have possibly achieved more.

It gives me the greatest pleasure to watch, how these extravagantly solemn ministers and generals, who carefully accentuate their dignity, are overtaken by their lies and are now standing all by themselves in the rain. And what I like best is that David McTaggart is nobly and quietly sitting back, hardly ever appearing on the scene. It is P. R. on the highest level, which no money could buy. Congratulation!

Hope to see you again in Hamburg, New York or some other place before long. I am still struggling with my jury colleagues in Athens about giving a prize to GREENPEACE – a very high prize, indeed. Unfortunately we have three Frenchmen on the board this year, which will not make it any easier. – Warmest regards, yours, Marion

MARION DÖNHOFF SCHÄTZT die Aktivitäten von Justus Frantz, dem Pianisten und Hauptinitiator des Schleswig-

Holstein Musik Festivals. Jedes Jahr fährt sie anlässlich des Festivals aufs Land, um mindestens eines der Konzerte zu hören, die auf verschiedenen Gutshöfen stattfinden. In diesem Jahr aber freut sie sich besonders auf ein Klavierkonzert, das Justus Frantz in seinem Haus in Hamburg geben wird und zu dem er sie eingeladen hat.

9. Dezember 1985

Lieber Justus Frantz,

ich kann Ihnen unmöglich den fürchterlichen Schrecken beschreiben, der mir am Sonnabend mitten in der Nacht in die Glieder fuhr. Ich hatte am späten Nachmittag einen Artikel gelesen, der in der nächsten Ausgabe erscheinen soll und der mich mit großem Ärger erfüllte – also setzte ich mich sogleich hin, um eine Antwort zu schreiben und versank in tiefes Nachdenken.

Um 23.00 Uhr war ich fertig, ging befriedigt ins Bett und las in einer neuen Ausgabe Morgensterns Gedichte, die mir jemand geschickt hatte. Als ich die Sache mit der Palmströmschen Geruchsorgel las, auf der Korf eine Nieswurzsonate spielte, fiel mir schlagartig ein, daß Sonnabend war und gerade hinter dem Horizont verschwand, denn es war Punkt 24.00 Uhr.

Ich könnte mich ohrfeigen: Hatte mich so auf Ihr Spiel gefreut. Bitte, seien Sie mir nicht gram und lassen Sie mich ja wissen, wenn Sie wieder einmal daheim spielen. – Ob ich mit dem beigefügten Werk meine Schuld wieder gutmachen kann? Es ist nicht das letzte, sondern das erste – aber das mir wichtigste.

Tief beschämt

Ihre Marion Dönhoff

Sie schickt Justus Frantz ihr Buch Namen, die keiner mehr nennt. Ostpreußen – Menschen und Geschichte, *das sie 1962 in Erinnerung an ihre Heimat und an ihre Flucht geschrieben hatte und das mittlerweile zu einem Klassiker deutscher Nachkriegsliteratur geworden ist.*

IM AUGUST 1989 wird Marion Dönhoff vom Bürgermeister der Stadt Königsberg, das nun Kaliningrad heißt und im sowjetischen Sperrgebiet liegt, eingeladen. Sie hatte ihm ihre Absicht mitgeteilt, dem dortigen Kant-Museum die Replik einer Statuette des Denkmals von Immanuel Kant zu schenken, das einst vor der Universität Königsberg stand und im Krieg spurlos verschwunden war. Marion Dönhoffs Neffe Hermann, der Sohn ihres verstorbenen Bruders Heinrich, begleitet sie auf dieser Reise. Zum ersten Mal nach fünfundvierzig Jahren betritt sie wieder heimatlichen Boden. Nahe Kaliningrad liegt Friedrichstein, das heute Kamenka heißt. Unter dem Titel »Reise ins verschlossene Land« schreibt sie darüber in der *Zeit*:

[...] Meine Heimat Friedrichstein liegt 20 Kilometer östlich von Königsberg. In der Zeit, in der soviel Schindluder mit den Wertvorstellungen von Heimat und Patriotismus getrieben wurde, in der diese Begriffe zur Legitimierung von Haß und Verachtung für alles Fremde dienten, in jener Zeit, in der Humanität als Humanitätsduselei diffamiert und Toleranz als Irrtum »wurzelloser Intellektueller« verhöhnt wurde, hatte sich mein Heimatgefühl auf Ostpreußen reduziert. Genauer gesagt, es war zusammengeschrumpft auf meine engste Heimat Friedrichstein.

Nun war ich also nur eine halbe Stunde von diesem Ort entfernt – sollte ich ihn besuchen oder ihn lieber so im Herzen bewahren, wie er für mich zum Inbegriff von Heimat geworden war? Ich schwankte. Schließlich war die Anziehungskraft stärker als das Bedenken. Wir fuhren. Als wir nach Löwenhagen kamen und links nach Friedrichstein einbogen, hielt ich den Atem an: Ob die Allee noch stand? Ja, sie steht, freilich, einige der alten Recken hatten sich zum Sterben gelegt – kein Wunder, man schrieb das Jahr 1747, als ein Vorfahr sie pflanzte. Rechts der Waschhausteich ist vollkommen verkrautet, man sieht kein Wasser mehr. Das Waschhaus selbst ist verschwunden, und auf dem Begräbnisplatz sind die Gräber eingeebnet.

Weiter nach Friedrichstein, den Hohlweg hinunter. Der erste Blick fällt auf den verträumten See, schön wie eh und je, zumal jetzt, da die Baumkronen, die ihn einrahmen, von erstem herbstlichen Glanz verklärt sind. Aber was man dann sieht oder vielmehr nicht sieht, ist unfaßlich: Das riesige Schloß ist wie vom Erdboden verschluckt, nichts ist davon geblieben, nicht einmal ein Trümmerhaufen. Wir müssen eine Weile suchen, ehe wir finden, wo genau es gestanden hat. Vom Rasenplatz, den Hecken, den Wegen ist nichts mehr zu sehen. Die alte Mühle – einfach weg, der lange Pferdestall – weg auch er. Alles ist überwuchert von Sträuchern, Brennesseln, heranwachsenden Bäumen. Ein Urwald hat die Zivilisation verschlungen.

Von den Gebäuden des etwas tiefer gelegenen Gutshofes steht nur noch der Gespannteil und die alte Brauerei, an die sich das Haus der Hühnerfrau anschloß – am Giebel dieses Hauses hing hoch oben unterm Dach die Glocke, mit der früher der Kämmerer zu Mittag läutete. Sie und der Strick, mit dem sie bedient wurde, ist sicher schon vor Jahrzehnten verschwunden, aber das kleine Holzgehäuse, das sie schützen sollte, hängt noch unversehrt dort oben. Mein Gott, wie absurd: Ein großes steinernes Schloß verschwindet spurlos, und ein nutzloser Holzkasten bleibt erhalten. [...]

In den langen Wartestunden frage ich mich, was denn wohl von dieser Reise bleibt. Ich glaube, neben dem Eindruck, wie außerordentlich liebenswert und menschlich die Russen sind, hat sich für mich ein merkwürdiger Bedeutungswandel vollzogen. War Friedrichstein bisher eine Realität, unerreichbar zwar, aber doch existent, so ist es jetzt zu einer unwirklichen Erscheinung der Traumwelt geworden – und da ist es eigentlich ganz gut aufgehoben.

AM 2. DEZEMBER 1989 wird Marion Dönhoff achtzig Jahre alt. Die *Zeit*-Redaktion beschließt, ihr zu Ehren ein großes Fest zu veranstalten, zu dem ihre Familie, die Kollegen und ihre Freunde aus aller Welt eingeladen werden. Der ungewöhnliche Ort: die alte Kampnagelfabrik im ehemaligen Hamburger Arbeiterviertel Barmbek. Die Gäste sitzen an kleinen Tischen, auf Holzstühlen und Bänken, reden, essen und trinken miteinander. Und lachen gemeinsam über Loriot, den Überraschungsgast. Sogar sein berühmtes Sofa wird auf die Bühne gestellt. In der einen Ecke sitzt Loriot, in der anderen Evelyn Hamann, seine kongeniale Partnerin in vielen seiner Sketche. Sie spielen ein Ehepaar. Der Sketch heißt: »Heute gehen wir zu Gräfin Dönhoffs Geburtstag«. Als Letzte spricht Marion Dönhoff zu den Geburtstagsgästen:

Nachdem ich so viele nette Dinge zu hören bekommen habe, scheint mir, daß die Mühe, die ich aufwenden mußte, um achtzig Jahre zu werden, sich doch gelohnt hat. Ich bin nun sehr gespannt auf die Nekrologe und Nachrufe, die man mir eines Tages widmen wird; allerdings werde ich die dann nur von oben herabschauend wahrnehmen können. Aber wahrscheinlich werde ich sie aus dieser Perspektive besonders genießen – denn hier, im irdischen Bereich, hindert mich meine preußische Erziehung daran, das, was das herkömmliche Maß an Zustimmung übersteigt, für bare Münze zu nehmen. Ich weiß nicht mehr, ob es ein Engländer oder ein Amerikaner war, der gesagt hat: »Flattery does not hurt as long as you don't believe it.«

Ich muß gestehen, ich hatte bisher gar nicht wahrgenommen, daß ich inzwischen dieses hohe Alter erreicht habe. Aber nun, da ich auf so unsanft-sanfte Weise darauf gestoßen werde, habe ich

Mit Henry Kissinger in der Hamburger Kampnagelfabrik

angefangen, darüber nachzudenken. Und nun staune ich, was alles in diesem Jahrhundert in so ein Leben hineingepreßt worden ist.

Ich habe als Kind noch die Monarchie erlebt, dann Weimar mit den goldenen zwanziger Jahren und der tödlichen Polarisierung der Innenpolitik, anschließend das tausendjährige Reich, dann die Besatzungszeit und schließlich jetzt vom ersten Tage an die Bundesrepublik.

Kaum einer von Ihnen, die heute hier sind, kann sich vorstellen, wie das Leben damals zu Beginn meiner Lebenszeit war: kein Radio, kein Fernsehen, keine Autos ... Ein solches Leben ohne Zerstreuung, ohne das Einbezogensein in die täglichen Ereignisse der größeren Welt war eben in jeder Beziehung, auch politisch, von ganz anderer Art. Ohne Radio hätte Hitler das Volk nie in solche Kollektivekstase versetzen können, ohne Fernsehen hätte nicht die ganze Welt an dem Freudentaumel teilnehmen können, den die Öffnung der Mauer in diesen Tagen ausgelöst hat. Auch haben die Bilder von Leipzig auf den Fernsehschirmen sicher eine gewisse Kettenreaktion bewirkt.

Ich lese gerade das Tagebuch des jungen Schweizers Henri de Catt, der während einiger Jahre der intimste Mitarbeiter, Sekretär und Gesprächspartner Friedrichs des Großen war. Dieser Catt schildert, wie er als Student bei einer Schiffsreise nach Amsterdam den preußischen König kennenlernte oder vielmehr, wie er ihn nicht kennenlernte, denn der König reiste inkognito – und zwar als Kapellmeister des polnischen Königs. Niemand auf dem Schiff erkannte ihn, auch der Student nicht, an dessen Intelligenz und Bildung der König so großen Gefallen fand, daß er ihn in seine Kabine holte und sich während der ganzen Nacht mit ihm unterhielt. Erst Wochen später, als Catt einen Brief aus Potsdam bekam, erfuhr er, mit wem er gereist war.

Um zu begreifen, in wie anderen Zeiten wir heute leben, muß man sich nur einmal vorstellen, Bundespräsident von Weizsäcker würde inkognito von Amsterdam nach Köln reisen wollen. Aber nicht nur der technische Fortschritt hat unsere Welt während dieser achtzig Jahre total verändert, auch die politischen Gewichte haben sich vollständig verschoben. Damals, als ich geboren wurde, gab es fünf Großmächte in Europa: England, Österreich, Frankreich, Deutschland, Rußland. Die übrige Welt existierte nicht.

Als ich vor einiger Zeit einmal für irgendeine Arbeit die Akten des Auswärtigen Amtes studierte, die die letzten Monate vor Ausbruch des Ersten Weltkrieges betreffen, stellte ich mit Verblüffung fest, daß bei den Erwägungen, die man damals anstellte – also bei dem Abwägen der Risiken –, Amerika nicht einmal erwähnt wurde. Man fragte sich, wie beispielsweise Bulgarien reagieren werde – an Washington aber dachte man im Ministerium für äußere Angelegenheiten nicht.

Vielleicht die gravierendste und in ihren Folgen bedrohlichste Veränderung, die während dieser achtzig Jahre begonnen hat, ist aber die demographische Entwicklung. Als ich geboren wurde, gab es 1,6 Milliarden Menschen in der Welt, heute sind es 5,2 Milliarden, und wenn Ted Sommer – nein, wenn Robert Leicht – mein Alter erreicht hat, werden es aller Voraussicht nach 11 Milliarden sein. Und deshalb bin ich froh, daß ich heute achtzig werde und nicht fünfzig. [..]

DIE FESTLICHKEITEN liegen hinter ihr, der Alltag geht weiter. Marion Dönhoff ist Mitglied der »Denkfabrik«, die der schleswig-holsteinische Ministerpräsident Björn Engholm 1989 ins Leben gerufen hat. In Kiel sollen Persönlichkeiten aus Wirtschaft, Wissenschaft und Kultur gemeinsam über die Zukunft Schleswig-Holsteins nachdenken. Die bevorstehende Öffnung der Enklave Kaliningrad (Königsberg) regt Marion Dönhoff zu einem Vorschlag an.

1. August 1990

Sehr geehrter Herr Ministerpräsident,

lieber Herr Engholm,

vielen Dank für die Einladung zu der Veranstaltung am 12. Oktober, der ich gern folgen werde.

Bei dieser Gelegenheit wollte ich mir noch eine Anregung erlauben. Wie ich von verschiedenen Seiten höre – Christians von der Deutschen Bank war gerade dort, und mich besuchte der oberste Kulturfunktionär von Königsberg – wird die Sperrzone Königsberg schon in diesem Jahr geöffnet. Ich könnte mir vorstellen, daß sich verschiedene Städte in der Bundesrepublik um eine Partnerschaft mit Königsberg bewerben werden. Ich persönlich finde, daß eigentlich keine Stadt dafür so berufen ist wie Kiel, was ja auch in Ihren Vorstellungen über den Ostseeraum zum Ausdruck kommt.

Meine Anregung also ist, möglichst frühzeitig ein solches Angebot an den Bürgermeister in Königsberg, der ein sehr netter, aufgeschlossener Mann ist, zu machen.

Mit besten Grüßen

Ihre Marion Dönhoff

NACH DER WIEDERVEREINIGUNG erhält Marion Dönhoff auch Briefe von Lesern aus der ehemaligen DDR. Ein Einundzwanzigjähriger aus Spremberg schreibt ihr nach der Lektüre des Buches *Namen, die keiner mehr nennt*, in dem die ostpreußische Gräfin ihre Flucht in den Westen beschreibt. Dies ist der Beginn einer längeren Korrespondenz.

21. Januar 1991

Lieber Peter M.,

ich habe noch nicht für Ihren nachweihnachtlichen Brief gedankt, aber ich war einfach überwältigt worden von zusätzlichen Verpflichtungen auf Nebengebieten: Jury der Kreisky-Stiftung in Wien, Konferenz des Aspen-Instituts in West-Berlin, Rede auf Rita Süssmuth in Ost-Berlin, Polen-Institut in Darmstadt (dessen Präsidentin ich bin).

Apropos Weihnachten: Ich bin froh, daß Sie das erste »bedeutsame« Weihnachten erlebt haben – das ist einfach eine Gnade, für die man sehr dankbar sein muß. Ich finde, daß Ihre Haltung: keine Jugendweihe, dafür Konfirmation, Prioritäten richtig setzen, nicht geozentrisches, sondern deozentrisches Weltbild, sehr konsequent und offensichtlich mit viel Grübeln und in intensiver Diskussion nicht leicht erworben ist.

Die Distanz zur heutigen Konsumgesellschaft finde ich sehr begreiflich und teile sie, wie Sie vielleicht aus meinem Artikel über »Marktwirtschaft« ersehen haben – auch da sind wir ganz einer Meinung.

Mit herzlichen Grüßen und allen guten Wünschen
Marion Dönhoff

Lieber Peter M.,

[...] Ich finde viele kluge Dinge in Ihrem Brief und stimme mit vielem überein: »Wir erleben nicht das Leben, sondern nur die Wirkung«. Ja, Sein und Schein werden oft verwechselt und das Abbild für die Realität gehalten. Auch dies finde ich einleuchtend: daß der Mensch vom Subjekt zum Objekt denaturiert wird. [...] Ich denke, Sie stellen wirklich die richtigen Fragen, und das ist enorm wichtig. Da sollte es Sie nicht verdrießen, daß viele andere dies nicht tun. Ganz allein ist man nie.

Und noch ein Wort zur Demokratie: Es gibt kein System, das Fortschritt, optimale Ethik oder vollkommene Sinnerfüllung garantiert, weil der Mensch selber unvollkommen ist. Eines aber kann man sagen: Von allen politischen Systemen ist die Demokratie als Methode das beste System, weil erstens das Bestehende ständig durch Kritik korrigiert wird, die Regierung sich also gegen Widerspruch behaupten muß, und zweitens, weil es das einzige System ist, das einen unblutigen Wechsel der Regierung garantiert.

Man muß nicht Erwartungen an ein System stellen, die kein wie auch immer geartetes System erfüllen kann, alles hängt von den Menschen ab, und da lohnt es sich, sich zu mühen. Sie kennen doch die Geschichte von Sodom und den zehn Gerechten.

Herzlich grüßend

Marion Dönhoff

IN ZEITEN DES WANDELS wenden sich Jugendliche an Marion Dönhoff mit der Bitte um Orientierungshilfe, Rat in allen möglichen Lebenslagen. Eine Schülerin der Jahrgangsstufe 13 bittet Marion Dönhoff um einen »Satz fürs Leben«.

15. Jan. 1993

Liebe Sigrid B.,

vielleicht kann Ihnen dieser Satz in irgendeiner Weise für Ihre Veranstaltung nützlich sein:

»Es kommt nicht so sehr auf die Ziele an – hehre Ziele hat schließlich jeder –, sondern darauf, mit welchen Mitteln diese Ziele erreicht werden sollen.«

Mit bestem Gruß

Marion Dönhoff

IN IHREM BUCH *Zivilisiert den Kapitalismus. Grenzen der Freiheit* stellt Marion Dönhoff »12 Thesen gegen die Maßlosigkeit« auf. Ein fünfzehnjähriger Schüler analysiert diese Thesen in einem Brief an sie.

15. Okt. 1999

Lieber Jochen P.,

mit Ihrem Brief haben Sie mir die größte Freude gemacht. Daß ein so junger Mensch ein so großes politisch-philosophisches Interesse hat, so engagiert für die common cause eintritt, das ist einfach beglückend. Auch freut es mich natürlich, daß wir im

Hinblick auf die 12 Thesen – Ihre Stellungnahme habe ich sehr sorgfältig gelesen – in unserer Meinung weitgehend übereinstimmen.

Gern würde auch ich Ihnen eine Freude machen, darum habe ich lange nachgedacht, welches meiner Bücher für Sie von Nutzen sein könnte – ich meine, vielleicht »Im Wartesaal der Geschichte«, weil diese Sammlung von Artikeln wie ein Geschichtsbuch wirkt und Sie ja ganz offensichtlich an Geschichte interessiert sind.

Ich habe erst jetzt, während ich schreibe, entdeckt, daß Sie in Hamburg wohnen – im Moment bin ich sehr unter Zeitdruck, aber wenn es in absehbarer Zeit ruhiger wird, dann fände ich sehr nett, wenn Sie einmal in die Redaktion kämen und wir einen Kaffee zusammen trinken. Vielleicht lassen Sie mich wissen, ob Sie telefonisch zu erreichen sind.

Mit Dank und herzlichen Grüßen
Marion Dönhoff

Der Schüler ist telefonisch zu erreichen. Nach dem Besuch zu einer Tasse Kaffee in ihrem Büro im Pressehaus lädt die Herausgeberin ihn ein, einmal an einer politischen Konferenz der Zeit teilzunehmen.

EIN FÜNFZEHNJÄHRIGER Schüler schickt Marion Dönhoff das Manuskript seines ersten Kriminalromans.

Lieber Martin T.,

ich erhielt Ihren Brief, mit dem Sie mir Ihre Geschichte »Der Altstar« zur Stellungnahme übersenden.

Um es gleich zu sagen: Die Geschichte ist wirklich gut, weil sie eine überzeugende Dramaturgie hat. Sie ist spannend, gelegentlich denkt man: Wie wird er das wohl zuende bringen? Aber dann geht es wieder interessant weiter, und auch der Schluß ist einleuchtend. Was mir vor allem imponiert, ist, daß Sie durchgehalten haben, eine 20 Seiten lange Geschichte zu schreiben. Das ist gar nicht leicht.

Ich finde auch den Stil gut. Ab Seite 9 habe ich im Lesen ganz leicht redigiert, wollte auch die ersten 8 Seiten noch machen, kam aber nicht mehr dazu. Übrigens ein Fehler: Auf Seite 1 wird angedeutet, der Sohn sei an Krebs gestorben, auf Seite 7, er sei bei einem Banküberfall umgekommen. Das muß man noch korrigieren.

Aber nun die Frage: Was könnte man mit einem solchen Manuskript tun? Das ist verhältnismäßig schwierig; für eine Zeitschrift ist es zu lang, weil es doch das Maß einer ziemlich langen Novelle hat. Und allein, als Broschüre oder kleines Büchlein, wird es, glaube ich, kein Verleger übernehmen. Vielleicht, wenn man noch 2 oder 3 kürzere Geschichten oder auch ebenso lange hätte, könnte man doch versuchen, einen Verlag für ein Buch zu begeistern.

Lassen Sie mich wissen, was daraus wird – auch, was aus Ihnen selber wird. Ich denke, wir sollten doch in irgendeiner losen Form in Verbindung bleiben.

Mit bestem Gruß

Marion Dönhoff

MIT DER OSTPREUSSISCHEN Landschaft und ih-
ren Menschen verbindet Marion Dönhoff den Begriff Heimat.
Ihr 1988 erschienenes autobiographisches Buch *Kindheit in Ost-*
preußen endet mit dem Satz: »Vielleicht ist dies der höchste Grad
der Liebe – zu lieben ohne zu besitzen.«
Im Jahr 1991 wird das militärische Sperrgebiet Kaliningrad im
Zuge der Perestrojka für ausländische Besucher geöffnet. Im
darauffolgenden Jahr macht Marion Dönhoff in der *Zeit* einen
Spendenaufruf für die Wiedererrichtung des verschollenen Kant-
Denkmals. Der Bildhauer Harald Haacke erhält den Auftrag, eine
Nachbildung des Werks von Christian Daniel Rauch anzufertigen.
Eine Replik soll im Rahmen eines Festaktes am ursprünglichen
Standort vor der Königsberger Universität aufgestellt werden. In
einer Laudatio auf den Bildhauer erzählt Marion Dönhoff die Ge-
schichte des Denkmals:

Die Geschichte von dem untergegangenen und neu wieder aufgestellten Kant-Denkmal läßt sich nur in zwei Akten darstellen.

Der erste Akt spielte im letzten Kriegsjahr: Damals rief mich eines Tages der Kunstwart von Königsberg an und fragte, ob wir nicht bei uns im nahegelegenen Friedrichstein das berühmte Kant-Denkmal von Christian David Rauch sicherstellen könnten, seine Sorge: es könnte in Königsberg womöglich ein Opfer der Bomben werden. Ich suchte einen Platz im Park aus, wo der große Philosoph – beschattet von einer Baumgruppe – ein sicheres und beschauliches Dasein führen konnte.

Jahre nach dem Krieg wurde mir von dem Chef des Kulturfonds der Stadt Kaliningrad mitgeteilt, daß die Statue verschwunden sei und sie bisher nirgends aufgefunden werden konnte. Ich brachte daraufhin eine Skizze zu Papier und riet, auch die angrenzenden Gräben genau zu untersuchen, aber leider war alles Suchen vergeblich. Wenn ich auch für diesen Verlust nicht verantwortlich war, so ging er mir doch auf eine sehr direkte Weise besonders nah. Darum beschloß ich herauszufinden, ob vielleicht die Gipsform noch irgendwo erhalten sei. Der ehemalige Direktor der Staatlichen Schlösser und Gärten, Martin Sperlich, war sogleich bereit zu helfen. Er schrieb an alle Kollegen, auch an die in der DDR. Zwar führte diese Aktion nicht zu dem erhofften Erfolg, aber bei der Gelegenheit wurde entdeckt, daß die Gipsform einer Statuette dieses Denkmals – auch sie von der Hand Rauchs – noch existierte.

Ich hatte damals gerade den hochdotierten Heine-Preis der Stadt Düsseldorf erhalten und konnte es mir daher leisten, den Bronzeguß des Miniatur-Denkmals in Auftrag zu geben. Nach Fertigstellung sind dann mein Neffe Hatzfeldt und ich in einem »Deux

Cheveaux«, der sogenannten »Ente«, mit Kant auf dem Rücksitz nach Königsberg gereist.

Zweiter Akt. Nach einigen Jahren wurde mir klar, daß ein so kleines Denkmal, es war ja nur 50 cm hoch, für den großen Kant im alten, ehrwürdigen Königsberg wirklich gänzlich unzulänglich war. Außerdem dachte ich, gehört der Kant nun wirklich vor die Universität, wo er immer gestanden hat, und nicht in eine Glasvitrine.

Da die Nachfrage nach der Gipsform des großen Denkmals bei allen Museen und Schlössern in Ost- und Westdeutschland erfolglos geblieben war, mußte neu überlegt werden. Zwei Probleme zeichneten sich ab: Erstens mußte ich versuchen, für dieses in jedem Fall kostspielige Unternehmen Spenden zu sammeln und zweitens mußte ein bedeutender Bildhauer gefunden werden.

Ich schrieb also zunächst einen Artikel in der ZEIT und fragte, wer von den getreuen Ostpreußen bereit sei zu helfen, daß in dem total zerstörten Königsberg, in dem nichts mehr an alte Zeiten erinnert, wenigstens das Denkmal von Rauch wiedererrichtet werden könne und somit der Geist der Aufklärung eine gewisse Zuflucht erhalte. Ein Konto wurde bei der Warburg Bank in Hamburg eröffnet, und siehe da, in wenigen Wochen kamen 100 000,– Mark zusammen, und zwar in Beträgen von 10,– bis 5000,– Mark. In einem Brief hieß es: »Ich würde gerne einen wesentlicheren Beitrag leisten, doch als Rentnerin schaffe ich das nicht; ich habe der Bank aber einen Dauerauftrag erteilt. Sie wird jeden Monat 10 Mark überweisen.« Tatsächlich sind dann drei Jahre lang jeden Monat 10 Mark auf dem Sonderkonto eingegangen.

Ganz reichten die eingekommenen Beträge noch nicht aus, doch da erschien als rettender Wohltäter F. W. Christians von der Deutschen Bank, der sich seit langem für Königsberg einsetzte. Er war

Einweihung des Kant-Denkmals, Kaliningrad im Juni 1992

sofort bereit, die nicht unerhebliche Summe aus dem Erlös seines Buches zur Verfügung zu stellen.

Nun galt es, einen Bildhauer zu finden, der bereit und in der Lage war, maßstabgerecht aus dem kleinen Kant einen großen zu kreieren. Wieder war Martin Sperlich der beste Ratgeber: »Da kommt nur einer in Frage: Harald Haacke.«

Es gelang, Harald Haacke für dieses Werk zu interessieren: Nach einigem Nachdenken war er bereit, den Auftrag zu übernehmen. Das ganze Jahr 1991 hatte er unermüdlich und mit äußerster Präzision daran gearbeitet. Dann trat die Bildgießerei Noack in Aktion, und im Frühjahr 1992 konnte schließlich das lebensgroße Denkmal unter großer Beteiligung der Bevölkerung vor der Universität wieder aufgestellt werden – sogar auf dem originalen Sockel, der kurz zuvor wiedergefunden worden war. Harald Haacke kann gewiß sein, daß ihn der Dank alter Ostpreußen und neuer Russen auf seinem weiteren Lebensweg begleiten wird.

Später formuliert Marion Dönhoff einmal: »Das Einzige, was ich in meinem Leben als eine wesentliche Tat ansehe, ist die Wiederbeschaffung des Kant-Denkmals für Königsberg.«

IN DIESEN JAHREN verliert Marion Dönhoff das Liebste, was sie hatte: ihre letzten Geschwister. 1991 sterben Yvonne und Dieter, Christoph (Toffy) folgt 1992.

Mit ihren Brüdern Dieter (links) und Christoph

AN IHREM TÄGLICHEN LEBEN ändert sich indes nichts. Die inzwischen über Achtzigjährige ist jeden Tag im Büro und reist wie eh und je.

Eines der wichtigsten Themen in diesen Jahren ist für sie die Kritik am Kapitalismus. Anfang der neunziger Jahre schreibt sie: »Allenthalben hat die Qualität der politischen Klasse nachgelassen; aber es hat keinen Sinn und es wäre ungerecht, alle Last und alle Schuld den Politikern zuzuschieben. Vieles hängt von uns, den Bürgern ab. Wir alle müssen uns ändern. Ein Wandel der Maßstäbe ist notwendig. Das Prinzip der sozialen Marktwirtschaft ist als Wirtschaftsprinzip unentbehrlich, aber es darf nicht als Entschuldigung für Nichthandeln mißbraucht werden. Das Gemeinwohl muß wieder an die erste Stelle rücken. Es ist ein Skandal, daß Gewalt, Korruption und ein egozentrischer Bereicherungstrieb als normal angesehen werden, während ein unter Umständen sich regendes Unrechtsbewußtsein kurzerhand mit dem Hinweis auf die »Selbstregelung des Marktes« beschwichtigt wird. Wir haben es satt, in einer Raffgesellschaft zu leben, in der Korruption nicht mehr die Ausnahme ist und in der sich allzu vieles nur um Geldverdienen dreht. Es gibt Wichtigeres im Leben des Einzelnen wie auch im Leben der Nation.«

MARION DÖNHOFF hat die Idee für ein Buch, das sie mit anderen Mitstreitern herausgeben möchte. So auch mit Fritz Stern, der ihr ein enger Freund geworden ist.

13. Juli 1992

Lieber Fritz,

Noch ein paar Nach-Gedanken zu unserem Treffen am 7. 7.

Wenn wir angesichts der umwälzenden Ereignisse weiter darüber nachsinnen wollen, wo wir in zehn Jahren sein möchten oder vermutlich sein werden, dann müßte man jetzt ein einigermaßen folgerichtiges Konzept entwerfen und nicht von Zufall zu Zufall hüpfen. Ich meine, es gibt zwei Möglichkeiten, über die nachzudenken es sich lohnt. 1. Helmut Schmidts Gedanke einer Analyse analog dem Club of Rome ist zwar einleuchtend, aber höchst arbeitsaufwendig und zeitkonsumierend.

Mir scheint der derzeitige Zeitpunkt so optimal, daß man möglichst bald »auf dem Markt« sein sollte. Die Leute haben noch nicht resigniert, sind aber so ärgerlich und verdrossen, daß sie – wenn eine Gruppe, die ihnen glaubhaft und überzeugend erscheint – neue Wege aufzeigt, durchaus bereit wären, darüber nachzudenken. Darum meine ich, sollte man vielleicht einem weniger perfekten, aber rascher herzustellenden Modell den Vorzug geben. Etwa in folgender Weise:

Die Gruppe – um sie sich noch einmal vor Augen zu führen: Richard von Weizsäcker, Helmut Schmidt, Fritz Stern, Ralf Dahrendorf, Edzard Reuter, Karl-Otto Pöhl, Marion Dönhoff – sollte ergänzt werden. Beispielsweise durch einen Umweltexperten und einen Ökonomen, der in Sozialfragen (Lohnkosten, Versicherungen, Steuer) bewandert ist. Man könnte sich Meinhard Miegel vorstellen oder auch Noe. Nach gemeinsamer Diskussion muß entschieden werden, wer sich mit welchem Thema beschäftigen will respektive welche Aufträge vergeben werden sollen und an wen.

Die Aufsätze (Kapitel, wie H. Schmidt sagt), ca. 4–5, je etwa 10 Seiten lang, könnten dann als Serie beispielsweise in der ZEIT veröffentlicht und am Schluß als Sonderdruck vertrieben werden. Ich habe mit niemandem in der ZEIT darüber gesprochen, weiß daher nicht, ob Verlag und Chefredaktion bereit wären, soviel Platz zur Verfügung zu stellen, aber wenn die Beteiligten zustimmen, würde ich dies besprechen.

Diese Version geht genau wie die zu 1. davon aus, daß die public opinion beeinflußt werden soll und nicht irgendeine Zielgruppe (Kanzler, Länderministerpräsidenten, Parlament …), denn darüber hatten wir uns, glaube ich, bei unserer Sitzung schon geeinigt. Einen Vorteil dieser zweiten Version sehe ich auch darin, daß es sich eher um Denkanstöße handelt und wir nicht in die Verlegenheit kommen, zu behaupten, wir hätten fertige Rezepte zur Verfügung. Ich wäre dankbar, wenn jeder ein paar Bemerkungen zu diesen Gedankensplittern beitragen würde und harre der Briefe, die da kommen werden.

Mit herzlichen Grüßen

Marion Dönhoff

Als Ergebnis dieser Gedanken erscheint schon vier Monate später, im November 1992, im Rowohlt Verlag Ein Manifest – Weil das Land sich ändern muß. *Das Buch findet in Deutschland die erhoffte Aufmerksamkeit und wird innerhalb kürzester Zeit 150 000-mal verkauft.*

MARION DÖNHOFF wird gebeten, für eine Freundes-Festschrift einen handschriftlichen Brief zu Richard von Weizsäckers fünfundsiebzigsten Geburtstag zu schreiben.

Lieber Richard,

Ich überlege, wo wir uns zum erstenmal gesehen haben. Ich meine, es war 1945 in Brunkensen bei Eberhard Görtz. Dort, zwischen Hannover und Göttingen, hatten sich die Reste meiner Familie am Ende der Flucht zusammengefunden. Jedenfalls erinnere ich mich, daß Axel Bussche, der ebenfalls dort war, uns auf Richard Weizsäcker vorbereitete, den er als so einzigartige Persönlichkeit schilderte, daß ich, als dieser junge Offizier dann wirklich eintraf, eher enttäuscht war: Sehr intelligent, dachte ich, besonders nett, auch witzig – aber einzigartig?

Wir saßen dann wie immer am Abend mit Freunden von Eberhard, die das gleiche Schicksal nach Brunkensen verschlagen hatte, zusammen, tranken Schnaps und machten Pläne. Mit dem Schnaps – einer kostbaren Rarität zu jener Zeit – hatte es folgende Bewandtnis: Ein Nachbar, Erne Cramm in Harbausen (Bruder von Gottfried), betrieb auf seinem Hof eine Schnapsbrennerei. Der Anblick so vieler depossedierter Flüchtlinge hatte ihn offen-

Lieber Richard

Ich überlege wo wir uns zum ersten mal gesehen haben. Ich meine es war 1945 in Bonnkensen bei Eberhard Götz. Dort, zwischen Hannover und Göttingen hatten sich die Reste meiner Familie am Ende der Flucht zusammengefunden. Jedenfalls erinnere ich mich, dass Axel Wussche, der ebenfalls dort war uns auf Richard Weizsäcker vorbereitete, den er als so einzigartige Persönlichkeit schilderte, dass ich, als diese junge Offizier dann wirklich eintraf, eher enttäuscht war: Sehr intelligent, dachte ich, besonders nett, auch witzig – aber einzigartig?

Wir saßen dann wie immer am Abend mit Freunden von Eberhard, die das gleiche Schicksal nach Bonnkensen verschlagen hatte, zusammen, tranken Schnaps und machten Pläne. Mit dem Schnaps – einer kostbaren Rarität zu jener Zeit – hatte es folgende Bewandnis: Ein Mädchen Erna bar gerührt, und so schenkte er uns eines Tages einen Karton mit 6 Flaschen: »Als Grundlage für eure Zukunft.«

In der Tat konnte man damals mit einer Flasche Schnaps alles erreichen, was das Herz begehrte. Also machten wir Pläne. Eine Mutter hoffte mit solcher Hilfe ihre Kinder in die überfüllte Schule einschulen zu können, einer brauchte unbedingt einen warmen Mantel, ich – des Pappkartons überdrüssig – hatte alle Sehnsucht auf einen Koffer gerichtet. Diese immer mehr eskalierenden Pläne fanden zwangsläufig ein Ende, als eines Abends, ich glaube, es war jener Abend, an dem Du da warst, mein Bruder mit der Schreckensnachricht aus dem Keller kam: »Kinder, dies ist die letzte Flasche.«

Axel verfügte damals noch über einen kleinen, uralten DKW-Wagen, der ihm seiner schweren Verwundung wegen zugestanden worden war, und so beschlossen wir denn zu dritt – Axel, Du und ich –, nach Nürnberg zu fahren, um zu beobachten, wie die Alliierten über Göring, Streicher, Kaltenbrunner und Genossen zu Gericht sitzen. Es war eine lange beschwerliche Reise, auf der mir zu allem Unheil auch noch ein geborgter Rucksack mit meiner letzten Habe gestohlen wurde.

Als wir schließlich vor dem Palais de Justice in Nürnberg ankamen, fiel unser erster Blick auf zwei amerikanische Panzer, die rechts und links vom Eingangstor standen. Die Geschütze waren auf den Besucher gerichtet, die Besatzung wirkte entschlossen und martialisch. Plötzlich hörte ich, wie einer von Euch zum anderen sagte: »Jetzt die Panzer wenden, die Kerle raus und wir rein.« Ich war tief erschrocken über dieses unerwartete Zeichen kriegerischer Gesinnung. Auf die entsetzte Frage: »Was ist denn in euch gefahren?« klang die Antwort beruhigend und überzeugend zugleich: »Jene Verbrecher haben sich an uns genauso versündigt wie an unseren Gegnern. Darum müssen wir verlangen, mit am Richtertisch zu sitzen.«

Richard, wir haben in den folgenden 50 Jahren oft miteinander geredet über Ostpolitik, über Demokratie und die Parteien, über ethische Grundwerte, über die Brutalisierung des Alltags. Oft waren wir voller Hoffnung, manchmal in Verzweiflung, aber immer war ich beeindruckt von Deiner Fähigkeit, Macht und Moral zu versöhnen. Glaubhaft zu bleiben in einer Welt, die den großen Worten selten entsprechende Taten folgen läßt.

Oft habe ich in den letzten Jahren an das denken müssen, was Du an der Wende im Frühjahr 90 sagtest. Schon damals mischte sich bei Dir in die Freude über die neue Entwicklung die Sorge, eine künftige Einheit könne sich in wirtschaftlicher Zielsetzung erschöpfen und das Positive verschütten, das die Bürger der DDR einzubringen vermögen; denn sie kommen doch nicht nur als Nehmende, meintest Du, sondern ganz gewiß auch als Gebende. Wir müßten ihre Selbstachtung stärken, nicht sie unterminieren; es gehe nicht an, daß sie unsere Verhaltensweisen, unsere Urteile und Wertvorstellungen einfach übernehmen müssen.

Jetzt hätte ich beinah den Anlaß für diesen Brief vergessen, Dir zu gratulieren zu einem überaus normalen Geburtstag, denn imponieren kannst Du mir mit Deinen 75 Jahren überhaupt nicht!

As ever, for ever and thereafter

Marion

Mit Richard von Weizsäcker: Freunde aus alten Tagen

MARION DÖNHOFF und Richard von Weizsäcker sprechen über die Pläne des Bundespräsidenten nach Beendigung seiner Amtszeit.

15. Nov. 1993

Lieber Richard,

ich habe gestern, bei der Heimreise, noch über unser Gespräch nachgedacht. Ich fand Deine Abwehrhaltung nicht nur verständlich, sondern vollkommen richtig: Du wirst jetzt sicher von vielen bestürmt und mußt Dich einfach schützen.

Ich möchte nur im Nachgang ein paar Gedanken zu unserem Thema sagen dürfen. Wenn ich darüber nachdenke, wie man Dich, Dein Sein, Deine Erfahrungen und Einsichten optimal nutzen, nein, wirklich ausbeuten kann, scheint mir, daß dies nur an einer

Stelle möglich ist, wo Politik und Philosophie beheimatet sind und wo sich ein entsprechendes Forum bietet. Eine Stelle, an der darüber nachgedacht wird, wie man dem »entfesselten« Menschen, der ohne moralische Bindungen immer mehr der Brutalität verfällt, wieder Sinn für methaphysische Aspekte und geistige Ziele einimpfen kann; eine Institution, wo man sich fragt, ob es möglich ist, der permissive society gewisse ethische Grenzen zu setzen.

Man könnte ein kleines Institut gründen – Institute werden bekanntlich nur dann etwas, wenn sie für einen bestimmten Menschen und um ihn herum gegründet werden – oder ein bestehendes umgestalten. Ich weiß nicht, ob man Aspen umfunktionieren kann, aber man sollte mindestens einmal darüber nachdenken. Alles andere erscheint mir dann doch zu wenig: Mitherausgeberschaft einer Zeitung wäre selbst bei der ZEIT (die noch am weitesten trägt) nicht ausreichend. Das wäre zwar für die betreffende Zeitung sehr nützlich, aber die Möglichkeit, in besagtem Sinn auf die Öffentlichkeit zu wirken, wäre nicht ausreichend, weil einer einzelnen Persönlichkeit nicht genügend Raum geboten wird.

Habe ich recht verstanden, daß Dedecius Dir einmal Aufbau, Anforderungen und Personalien des Polen-Instituts beschreiben soll? Wenn kein Widerspruch von Dir kommt, wird er Dir in due course berichten.

Herzlich grüßend, wie immer,

Deine Marion

MIT EINER KLEINEN NOTIZ in der *Zeit* unterstützt Marion Dönhoff die Suche nach einem Deutschlehrer für eine Schule im polnischen Masuren. Der Deutschunterricht gehört zum Lehrplan. Regelmäßig erkundigt sie sich nach dem Fortschritt ihrer Initiative. 1995 trägt eine Delegation der polnischen Schule in Hamburg ein Anliegen vor.

20. März 1995

Sehr geehrter Schulverein,

Sehr geehrter Herr Puzio,

Ihre Delegation, die am 28. Februar hier war, hat mich gefragt, ob ich bereit sei, meinen Namen für das Liceum zu geben.

Ich möchte Ihnen sagen, wie außerordentlich glücklich und stolz ich über Ihre Entscheidung bin. Ich bin mir ganz klar darüber, daß noch vor drei Jahren dies vermutlich nicht möglich gewesen wäre und finde es großartig, daß Sie den Mut haben, diesen erstaunlichen Grad einer Normalisierung unserer Beziehungen auf diese Weise zum Ausdruck zu bringen.

Mit ganz besonderem Dank und besten Grüßen

Marion Dönhoff

Im Mai 1995 wird die Schule offiziell »Lyzeum Marion Dönhoff« genannt. Marion Dönhoff reist zur Feier der Namensgebung nach Mikolajki, das sie seit ihrer Jugendzeit kennt und wo sie während ihrer damaligen Ritte durch Masuren Station machte. Sie bleibt drei Tage, an denen sie an verschiedenen Festivitäten teilnimmt, eine Rede für die Abiturienten hält und ihnen schließlich die Abiturzeugnisse aushändigt. In einer offenen Kutsche unternimmt sie eine Fahrt durch die masurische Natur, die sie vor über fünfzig Jahren das letzte Mal auf dem Pferderücken erlebt hat. In den folgenden Jahren wird

sie in jedem Mai anreisen, um den polnischen Schülern ihre Abitur-
zeugnisse zu übergeben.

DER POLITIKVERDROSSENHEIT in Deutschland etwas entgegenzusetzen, begreift Marion Dönhoff auch weiterhin als dringliche Aufgabe. Die Fünfundachtzigjährige plant die Einrichtung einer regelmäßigen Zusammenkunft von Persönlichkeiten aus Politik, Wirtschaft, Wissenschaft und Kultur. In einem vorbereitenden Brief wendet sie sich an einen ausgewählten Personenkreis.

30. Okt. 1995

Für jeden Menschen, der sich verantwortlich fühlt, ist es frustrierend mitanzusehen, wie die politische Situation sich kontinuierlich verschlechtert. Wenn man darüber nachdenkt, warum unsere Gesellschaft so erschreckend brutal, kriminell und korrupt geworden ist, stellen sich zwei Fragen:

1. Welches Bild vom Menschen haben wir?

2. Welches politische und wirtschaftliche System bestimmt unser Leben?

Zu 1. Unser Menschenbild ist rein individualistisch. Selbsterfüllung ist der bestimmende Aspekt – Verantwortung für die Gemeinschaft, den Staat, die Gesellschaft ist weitgehend in Vergessenheit geraten. Der Mensch wird als homo oeconomicus aufgefaßt, der streng rational seinen Vorteil kalkuliert und seinen Nutzen präzis maximiert.

Zu 2. Die Basis unseres Wirtschaftssystems ist die Marktwirtschaft. Sie beherrscht unser Denken. Ihr Wesen ist Dynamik, ihr Motor

der Eigennutz. Als Wirtschaftssystem ist die Marktwirtschaft zweifellos unschlagbar, aber wenn sie kritiklos idealisiert wird, wenn keine ethischen Vorstellungen ihr Grenzen setzen, dann entartet das Ganze zum catch-as-catch-can (wie bei der Mafia). Die Gefahr besteht dann, daß am Ende der Ruf nach dem Starken Mann, der Ordnung und Gerechtigkeit schaffen soll, laut wird.

Das wissenschaftlich-technische Zeitalter hat im Verein mit den Gesetzen des Kapitalismus die Leistung und den materiellen Erfolg ins Zentrum allen Handelns gerückt – dadurch sind allmählich Geist, Kultur, Kunst immer mehr an die Peripherie gedrängt worden; aber reicht es aus, die Wirtschaft zur Basis und alleinigen Philosophie des Staates zu machen? Zu seiner ausschließlichen raison d'être? Auch den Einzelnen kann es nicht befriedigen, daß alles Denken durch wirtschaftliche Erwägungen absorbiert wird. Der Mensch braucht schließlich einen Sinn im Leben. Eine Gesellschaft ohne Spielregeln, ohne ethische Normen und moralische Maximen kann auf lange Sicht keinen Bestand haben. Groß ist heute in der allgemeinen Ratlosigkeit das Bedürfnis nach Orientierung.

Viel wird über diese Probleme nachgedacht, in Instituten, Akademien und bei Podiumsdiskussionen; aber der ständige Wechsel der Bühne und der Beteiligten läßt keine nachhaltige Wirkung aufkommen. Beim Nachsinnen über dieses Phänomen mußte ich an eine einzigartige Einrichtung denken, die 80 Jahre lang in Deutschland existierte und die eine sinnvolle Rolle gespielt hat: Die Mittwoch-Gesellschaft. Ihr gehörten 16 bekannte Persönlichkeiten aus den verschiedensten Lebensbereichen an. Man traf sich zweimal im Monat in Berlin im Hause eines der Mitglieder. Der betreffende Gastgeber mußte einen Vortrag aus seinem Spezialgebiet halten, über den die Runde dann diskutierte.

Um eine Vorstellung von diesem Kreis zu bekommen: Ihm gehörten am Schluß unter anderem an: General Beck, Werner Heisenberg, Wilhelm Pinder, Eduard Spranger, Ferdinand Sauerbruch, Ulrich von Hassell, Johannes Popitz, Bernhard Harms ... Nach dem 20. Juli 1944 wurden vier der Mitglieder hingerichtet. Das war das Ende der Mittwoch-Gesellschaft.

Unsere Situation ist heute anders, aber die Problematik, vor der wir stehen: frustrierte Politiker, verdrossene Bürger, die klassischen Parteien, die an Ansehen verlieren, immer weniger Leute, die zur Wahl gehen ... läßt einen an jene Mittwoch-Gesellschaft denken, die ja nicht aus ideologisch Gleichgesinnten bestand, bei der es sich vielmehr um eine Gruppe handelte, die durch ethische Überzeugung und ihre Auffassung von Recht und Gerechtigkeit verbunden war. Ich frage mich – und ich frage Sie –, ob wir nicht versuchen sollten, einen Kreis von glaubwürdigen, respektierten Persönlichkeiten zusammenzubringen, der sich entweder während eines ganzen Jahres oder mindestens während des Winters einmal im Monat trifft. Ein Vortrag des jeweiligen Experten zu »brennenden Fragen« müßte dann veröffentlicht werden.

Die Gelegenheit ist günstig, denn Richard von Weizsäcker stellt nicht nur sein Büro Am Kupfergraben zur Verfügung, sondern ist auch bereit, gegebenenfalls als eine Art Schutzpatron zu wirken.

Meine konkrete Frage: Sind Sie bereit, verbindlich zuzusagen, daß Sie versuchen werden, einmal im Monat oder 6 × im Jahr teilzunehmen? Das mag vielleicht viel verlangt sein, und es wäre gut zu verstehen, wenn einige dies zeitlich nicht schaffen, aber ich meine, es ist besser, dies dann gleich zu sagen, weil so eine Gruppe nur Sinn macht, wenn sie regelmäßig und einigermaßen vollständig beieinander ist. Vielleicht sollten wir erst einmal eine Probesit-

zung abhalten und danach beschließen, was weiter geschehen soll.
Würde Ihnen hierfür der 22. Januar 1996 passen?
Ich wäre dankbar für eine Stellungnahme vor dem 1. 12. 1995.
Mit besten Grüßen
Marion Dönhoff

*Im Januar 1996 findet das erste Zusammentreffen der »Neuen Mitt-
wochsgesellschaft« in Berlin statt. Teilnehmer sind unter anderen
Helmut Schmidt, Richard von Weizsäcker, Antje Vollmer, Edzard
Reuter und Wolf Lepenies. Seither trifft sich der Kreis, ergänzt jeweils
durch einen Gast, der zu einem bestimmten Thema referiert, regelmäßig. Im Jahr 1998 erscheint das erste von mehreren Büchern, in
denen die Ergebnisse der Diskussionen zusammengefasst sind.*

1996 WIRD die *Zeit* fünfzig Jahre alt. »Dieses Blatt ist
meine Heimat geworden«, sagt Marion Dönhoff in einem Gespräch mit Kollegen, das anlässlich des Jubiläums in der Zeitung
veröffentlicht wird. Auf der Jubiläumsfeier in der Bonner Redoute
hielt Theo Sommer, ihr Nachfolger in der Chefredaktion und seit
1992 Mitherausgeber, eine Rede.

Sonnabend

Lieber Ted,
als ich am Freitagnachmittag zurückkam, sah ich zu meiner Freude Ihr Auto noch an seinem Platz. Freude, denn ich wollte Sie –
Ihrer Rede gedenkend – dankbar an mein Herz drücken.
Es hieß, Sie seien gerade heruntergegangen. Also ging ich noch

einmal in die Garage und sah Sie gerade den Berg hinauffahren. Zu spät – traurig.

Ich muß am 8. eine Fernsehsache in Zürich machen – das paßt gut, weil ich am 9. in Sils sein will.

Am 13. hab ich Mittwochsgesellschaft in Berlin, bin am 14. zurück – wohl gleichzeitig mit Ihnen. Hoffentlich habt Ihr gutes Wetter – und ich auch.

Alles Liebe und Dank einstweilen nur schwarz auf weiß

Marion

PS Die herrlichen Rosen habe ich sofort nach der langen Bahnreise in die Wanne gesteckt über Nacht, jetzt sind sie wieder prachtvoll.

NACHDEM DIE SCHULE in Mikolajki Marion Dönhoffs Namen trägt, kommen auch entsprechende Anfragen aus Deutschland.

Frau
Gabriele Wiedemann
Schulleiterin der Realschule
Brühl/Ketsch

12. Juni 1997

Sehr geehrte Frau Wiedemann,

mit Ihrem Brief vom 17. Mai, den ich bei meiner Rückkehr auf meinem Schreibtisch vorfand – zusammen mit 1 cbm Papier, darum die verspätete Antwort –, haben Sie mir eine große Freude gemacht. Was für ein beglückender Gedanke, daß Sie glauben, mein Name könnte für die Schüler Ihrer Schule eine Art Ansporn sein.

Alles, was Sie schreiben, bewegt mich sehr und erfüllt mich mit Dankbarkeit. Dennoch gibt es Bedenken: Ich meine, ganz prinzipiell sollte man einer so wichtigen Institution wie einer Schule nicht den Namen einer lebenden Person geben. Man weiß nie, was noch passiert. Ich denke zwar, daß ich für den weiteren Verlauf meines Lebens geradezustehen in der Lage sein werde, aber

Nach
einer Lesung

man weiß nie, in was für Dinge man, ohne eigene Schuld, verwoben werden kann.

Nach reiflicher Überlegung möchte ich Ihnen – mit großem Dank für die mir zugedachte Ehre – folgendes vorschlagen:

Ich werde in diesem Jahr 88 Jahre, es ist also absehbar, daß sich in wenigen Jahren mein Bedenken von selbst erledigt. Also: Entweder warten Sie noch ein bißchen, oder, wenn Sie möglichst bald eine Änderung schaffen wollen, dann wählen Sie und Ihre Kollegen den Namen Lise Meitner, was sicherlich eine gute Lösung wäre.

Damit Sie nicht denken, daß ich mit zweierlei Maß messe, will ich nur noch sagen, daß vor 4 Jahren eine polnische Schule mit dem gleichen Ersuchen an mich herangetreten ist, mit dem Argument: »Weil Sie so viel zur Versöhnung von Deutschen und Polen getan haben.« Diesen Vorschlag habe ich mit Freude akzeptiert, weil daran deutlich wurde, wie sehr die Beziehungen der beiden Länder sich normalisieren – ein paar Jahre zuvor wäre das noch undenkbar gewesen.

Mit herzlichen Grüßen und allen guten Wünschen für Sie und Ihre Schule,

Marion Dönhoff

PS Die »Gräfin« hätte, weiß der Himmel, keine Schwierigkeit gemacht: Ich benutze den Titel nie, nur in der Zeitung steht er. Alle Briefe, die ich schreibe, zeichne ich von jeher mit »Marion Dönhoff«.

Die Schulleiterin ließ sich nicht entmutigen. Heute trägt ihre Schule
den Namen »Marion-Dönhoff-Schule«.
In den folgenden Jahren werden sechs weitere deutsche Schulen nach
Marion Dönhoff benannt. Aber auch eine Schule in Afghanistan
nahe der Stadt Jalalabad wird den Namen tragen: Marion Dönhoff-
Mädchenoberschule.

WÄHREND DER ÜBER fünf Jahrzehnte dauernden Tätigkeit für die *Zeit* hat Marion Dönhoff viele Mitarbeiter kommen und gehen sehen. Nur wenige sind annähernd so lange wie
sie selbst dabei. René Drommert ist einer von ihnen. Seit 1957 ist
er Redakteur im Feuilleton der *Zeit*. Er besucht Marion Dönhoff regelmäßig nach der Freitagskonferenz in ihrem Büro, plau-
dert mit ihr über dies und das, sie trinken einen Kaffee, hin und
wieder einen Cognac, am Schreibtisch. Die Herausgeberin hält
eine Geburtstagsrede auf René Drommert, als er neunzig Jahre
alt wird.

Lieber René Drommert,
da haben wir nun also fast 40 Jahre zusammen an dieser Zeitung,
die uns beiden so ans Herz gewachsen ist, gewirkt und gewerkelt.
Vieles verbindet uns: die Katastrophen dieses Jahrhunderts, die
uns die Heimat im Osten nahmen und uns ziemlich ungewollt in
den Westen verbrachten (fast hätte ich gesagt: verbannten). Ja, ich
glaube wohl, daß diese Herkunft aus dem Osten uns in besonde-
rer Weise verbindet.
Eines freilich unterscheidet uns: Während der ungewöhnlich be-
gabte, junge René mit 16 Jahren seine ersten Bilder in der Ham-

burger Kunsthalle ausstellte – sein Zeichenlehrer hatte ihn schon Jahre zuvor vom Zeichenunterricht dispensiert, mit dem Argument, er, der Schüler, könne viel mehr als er, der Lehrer … Während dieses junge Genie sich also auf eine künstlerische Karriere vorbereitete, habe ich – für nichts besonders begabt – in der entsprechenden Zeit meine Tage mit so unnützlichen Dingen zugebracht wie Reiten, Jagen und abenteuerlichen Unternehmungen mit den Brüdern.

Also, mit 16 die erste Ausstellung, vor ein paar Wochen, mit 90, die einstweilen letzte. Dort, in dieser Ausstellung, konnte man drei sehr interessante, besonders eindringliche Bilder betrachten. Nebenbei gesagt war dies für mich kein ganz ungetrübtes Vergnügen, denn als ich nach einer halben Stunde wieder herauskam, klebte ein Strafzettel über 50 Mark an der Scheibe meines Autos.

Drommerts Ausbildung – er hatte inzwischen begonnen, Romanistik zu studieren und saß an seiner Dissertation – wurde durch den Ausbruch des Dritten Reichs jäh unterbrochen. Sein Doktorvater wurde von Studenten nationalsozialistischer Gesinnung immer wieder scharf angegriffen, so daß dieser schließlich seine Vorlesung einstellen mußte. René Drommert war empört, in seiner baltischen Ritterlichkeit schrieb er einen Protestbrief gegen diese Hetze. Das war das Ende von Studium und Dissertation und jeglicher Hoffnung auf eine künstlerische Karriere. René wurde zunächst freier Journalist und dann Dolmetscher in Uniform an der Ostfront.

Nach dem Krieg begann er dann als Kritiker in den Hamburger Feuilletons zu glänzen, ein richtiger Journalist aber wurde er natürlich erst, als Leo ihn 1957 zur ZEIT holte. Das war damals die große, die wunderbare Zeit. 1950 waren wir nur 10 Redakteure, wie ich zufällig weiß; 1957 mögen es 5 oder 6 mehr gewesen sein – aber noch lange Zeit verhielten wir uns wie eine kleine, eng zusammenhaltende Familie: alle waren miteinander befreundet; Wunsch und Wille aller waren nur auf ein einziges Ziel konzentriert: eine Zeitung zu machen, die den Bürgern dieses armen, irregeführten Landes die richtigen Maßstäbe vermitteln wollte: Augenmaß, Sinn für Toleranz und Verantwortung.

Ich habe noch einmal in den ersten Kritiken und Rezensionen von Drommert geblättert. Viele kleine Kunstwerke sind darunter, aber apropos Kunstwerk: Das liebenswerteste für mich ist jenes Mosaik aus 7 Miniaturen, das er in der vergangenen Woche unter dem Titel »Baltische Medaillons« geschrieben hat. Da ist er noch einmal, dieser warme, unverkennbar persönliche Ton, untermalt von leicht verhaltenem Witz ... Müller-Marein und Richard Tüngel kommen einem wieder in den Sinn. Ja, ja, die guten alten Zeiten ...

MARION DÖNHOFF bittet René Drommert gelegentlich um Übersetzungen ins Russische oder aus dem Russischen, besonders wenn es um die Korrespondenz mit Michail Gorbatschow geht. Mit Letzterem verbindet sie eine Beziehung, die über das Maß politischer Hochachtung hinausgeht.

1996, fünf Jahre nach dem Ende seiner Regierungszeit, kandidiert er erneut bei der Präsidentschaftswahl und erhält lediglich ein Prozent der Stimmen.

Mit Michail Gorbatschow

10. Juli 1996

Lieber Herr Gorbatschow,

es muß ein Schock sein, wenn jemand, dem allenthalben zugejubelt wurde, sich plötzlich ignoriert fühlt. Aber was bedeutet die Stimmabgabe bei so einer Wahl, verglichen mit den Leistungen, die Sie vorzuweisen haben?

Lieber Freund (wenn ich so sagen darf), niemand hat in den letzten 50 Jahren die Welt so tiefgreifend verändert wie Sie. Ohne Sie würde wahrscheinlich immer noch aufgerüstet, wäre Europa immer noch geteilt und Deutschland noch nicht wiedervereinigt.

Es drängt mich, dies zu sagen und Ihnen Mut und Gelassenheit zu wünschen. In den Geschichtsbüchern werden Sie einmal anders verzeichnet sein, als die Leute heute meinen.

Mit allen guten Wünschen und herzlichen Grüßen

Ihre Marion Dönhoff

IM JUNI 1997 stirbt der russische Germanist und Dissident Lew Kopelew in Köln. Seit Ende der siebziger Jahre verbindet beide eine innige Freundschaft.

Eine Einladung von Heinrich Böll und Marion Dönhoff zu einer Studienreise nach Deutschland, der ein zähes diplomatisches Ringen um eine Rückkehrgarantie vorausgegangen war, war der Anlass dafür gewesen, dass Kopelew 1980 das Wagnis eingegangen war, mit seiner Frau ins Ausland zu reisen. Mitte November trafen sie in Köln ein. Doch schon Anfang 1981 wurde die Auslandsreise zum Exil – man hatte das Ehepaar in Abwesenheit ausgebürgert. Kopelew und seine Frau blieben in Köln. In Marion Dönhoffs Büro lehnt ein ungerahmtes Porträtfoto von Lew Kopelew an ihrem Lesepult. Sie hat es vor Augen, wenn sie am Schreibtisch sitzt.

Marion Dönhoff spricht auf der Trauerfeier.

Marion Dönhoff mit Lew Kopelew

Mit Lews Tod haben wir alle – seine Familie, die Freunde, die Mitarbeiter – unendlich viel verloren. Soviel haben wir durch ihn erfahren, von ihm gelernt, von seiner Güte und Großmut, von der Selbstverständlichkeit, mit der er in der weiten Welt zu Hause war, weil seine Heimat der geistige Raum Europas war, den keine geographischen Grenzen limitieren.

Wo immer Lew arbeitete, als Hilfsarbeiter, Metalldreher, Lehrer an einer Abendschule, Redakteur der Radiozeitung einer Lokomotivfabrik, immer lebte er gleichzeitig mit und in der Literatur, hatte Umgang mit den Großen der geistigen Welt Rußlands und Deutschlands. Er kannte Goethe und Heine weit besser als die meisten Deutschen.

Haß war ihm ganz fremd, auch nachdem er neun Jahre in Gefängnissen und Straflagern hatte zubringen müssen, empfand er nur Verachtung für seine Peiniger, aber nicht Haß. Und als er 1981 ausgebürgert wurde, dachte er zuerst an seine geistige Heimat und blickte nicht zornerfüllt auf die Mächtigen, die sie pervertierten. Auch die Deutschen, die seinem Land soviel Leid zugefügt haben, hat er nie verdammt. Er hat immer einen Unterschied gemacht zwischen Nazis und Deutschen; die Deutschen liebte und bewunderte er ob ihrer Denker und Dichter. In den Straflagern kümmerte er sich genauso liebevoll um sie wie um seine Landsleute; und auch den Polen, die von den anderen Kameraden mißachtet wurden, war er zugetan und sang mit ihnen das Lied der Freiheitskämpfer des vorigen Jahrhunderts: »Noch ist Polen nicht verloren.« In seinem großen Herzen hatten sie alle Platz, Deutsche und Polen, Juden und Christen, Kommunisten und Oppositionelle.

Zufällig lernte ich einmal zwei ehemalige deutsche Kriegsgefangene kennen, die während des Krieges seine Antifa-Schule besuchen mußten; noch heute leuchteten deren Augen, als sie beschrieben, was für ein Erlebnis es für sie war, wenn Kopelew alle 14 Tage kam und über russische Literatur und Kunst sprach.

Als Lew 1980 zum erstenmal Deutschland besuchen durfte, aber kurz darauf ausgebürgert wurde, er also nicht nach Moskau zurückkehren konnte, schrieb er in einem Artikel für die ZEIT: »Der Geist einer Nation lebt in ihrer Sprache, in ihrer Religion, Literatur, Kunst, Philosophie. Und dieser unermüdlich schöpferische Geist verhält sich den meisten Herrschern gegenüber, wenn nicht direkt gegnerisch, so doch häufig ablehnend, oft auch aufsässig. Totalitäre Staatsmänner können Literaten, Künstler und Wissenschaftler verhaften, quälen, umbringen, aber sie können nicht eine Kultur nach ihrem Geschmack entstehen lassen.«

Lew war von besinnungsloser Hilfsbereitschaft. Obgleich er genau wußte, daß jeder, der sich für einen Verdächtigen einsetzte, sehr bald selbst im KZ landete, hat er es immer wieder gewagt, für Mißliebige einzutreten. Wenn Hilfe not tat, dann fühlte er sich herausgefordert. Einmal hatte er wegen eines Herzinfarkts drei Wochen im Krankenhaus zugebracht, mußte sich schonen, war ängstlich geworden, lag viel zu Bett, fühlte sich außerstande, schwere Dinge zu tragen oder physische Arbeit zu verrichten. Eines Tages ging damals Raja mit ihm am Strand der Moskwa spazieren. Plötzlich ein lauter Hilfeschrei: ein kleines Mädchen war hinausgeschwommen und ging plötzlich unter. Es war ein Sonntag, viele Menschen am Strand, ein paar junge Leute schon im Wasser – aber der erste, der wie ein Blitz zu der Stelle schoß und tauchte, war Lew.

Lieber Lew, meine Gedanken gehen Jahre zurück, ich denke an die vielen Abende in Eurer Küche in Moskau, wo sich immer neue, zufällig hereingeschneite Freunde dazugesellten und die Gespräche kein Ende nahmen; ich denke zurück an einen eindrucksvollen gemeinsamen Besuch bei Sacharow und an viele unvergeßliche Begegnungen mit Freunden von Dir.

Lew, wir werden Dich alle sehr vermissen – man kann sich diese Welt ohne Dich, ohne Deine Güte, Deine Heiterkeit und die oft hoffnungspendende Zuversicht noch gar nicht vorstellen.

WÄHREND MARION DÖNHOFF dem Widerstand nahegestanden hatte, war ihr jüngster Bruder Christoph, damals noch in Kenia, früh in die NSDAP eingetreten. Später war er in der Auslandsorganisation der Partei tätig. Bei einer Recherche stößt der *Spiegel*-Journalist Fritjof Meyer auf seinen Namen und bittet Marion Dönhoff um Auskunft.

Lieber Herr Meyer,

ja, es handelt sich um meinen Bruder Christoph, und ich nehme an, daß die meisten Angaben richtig sind.

Er war als Afrikaner – seit 1929 in Kenya –, der die beginnende Naziwelt von außen wahrnahm und plötzlich als Deutscher wieder respektiert wurde, ganz begeistert von den Nazis; und später, als er in Südafrika lebte, auch von der Apartheid.

In beiden Fällen waren wir total verschiedener Meinung, was aber unserer Liebe keinen Abbruch tat, weil er nie aggressiv seine Meinung vertrat, sondern immer tolerant meine Angriffe zur Kenntnis nahm.

Er war ein ungewöhnlicher Typ: Mit 16 Abitur, mit 21 Referendar und mit 23 Dr. jur. Gar kein Realitätsgefühl, sehr charmant und gutaussehend, »ein Liebling der Götter«, wie die Leute sagten.

Mit Dank für die Übersendung und besten Grüßen von Haus zu Haus,

Marion Dönhoff

HERMANN HATZFELDT, der Neffe, lebt auf Schloss Crottorf im Bergischen Land. Marion Dönhoff verbringt dort, im Kreise der Familie, mehrfach im Jahr ein paar Tage, um sich zu erholen. Crottorf ist für sie ein Stück des verlorenen Friedrichstein.

5. Sept. 1997

Lieber Hermann,

mein neues Buch »Zivilisiert den Kapitalismus« ist erfreulicherweise schon drei Monate nach Erscheinen auf allen Bestseller-Listen. Ich erwähne dies nur, damit Du siehst, daß ich noch bis drei zählen kann. Nichts desto trotz muß ich mit 87 Jahren auch daran denken, daß das Leben irgendwann einmal ein Ende hat und muß über die Frage nachdenken: Wo bleibe ich dann eigentlich?

Der Friedhof in Friesenhagen, wo die Gräber der Hatzfeldts sind, ist wunderschön, aber eben doch verhältnismäßig weit von Crottorf entfernt. Zwei meiner Brüder liegen auch dort, aber wenn ich kurz in Crottorf bin, komme ich ganz selten dazu, ihre Gräber zu besuchen. Mein großer Wunsch wäre, in Crottorf begraben zu sein – irgendwo unter großen Bäumen, hinter Büschen – nicht an einem spektakulären Platz. Ich stelle mir vor, daß da eine Holzbank steht, wie ich es so oft in Rußland gesehen habe (dort sitzt dann abends die Familie beisammen). Ich denke mir, wenn Ihr alle beisammen seid und Lust habt, dann kommt Ihr dorthin, um zusammen eine Flasche Wein zu trinken und zu diskutieren, wie wir es so oft getan haben.

Ich kenne natürlich die Gesetze nicht und fürchte, daß ich Dir mit meinem Wunsch wahrscheinlich Schwierigkeiten bereite – aber es wäre natürlich herrlich, wenn's so eine Möglichkeit gäbe.

Die nächsten zwei Wochen sind für mich vollgestopft mit Terminen, aber wenn es ruhiger wird, melde ich mich.
Marion

Dem Begehren wurde von den zuständigen Behörden mit Verweis auf die rechtlichen Vorschriften nicht stattgegeben.

IN DER FAMILIE und bei den Kollegen der *Zeit* ist bekannt, dass Marion Dönhoff häufig Dinge liegen lässt oder verliert. Vieles kommt auf wundersame Weise zurück: Der Knopf eines neuen Jacketts, das sie anlässlich einer Feier in Bonn trug, wurde Anlass für eine intensive Suche, an der sich auch einige Gäste beteiligten. Später überreichte ein Kellner den wiedergefundenen Knopf auf einem silbernen Tablett.

Auch die obligatorische Plastiktüte, die außer einer weinroten Lederumhängetasche zu ihrem täglichen Gepäck gehört, ist plötzlich weg, in Eile im Taxi zum Flughafen liegen gelassen, beispielsweise. Die Tatsache, dass ihr die weiß-grünen Tüten vom Feinkosthaus Ahrends in Blankenese für den Transport von Arbeitspapieren besonders geeignet scheinen, erleichtert die Suche und anschließende Identifizierung des verlorenen Objekts.

Manches bleibt für immer verloren. So ihre geliebte Leica-Kamera, mit der sie seit 1928 leidenschaftlich fotografiert hatte, die sie auf zahlreiche Reisen mitgenommen hatte, durch den Krieg rettete und nach Kriegsende in einer Straßenbahn liegen ließ. (Später kaufte sie sich einen neuen Apparat.) Ähnlich ergeht es einem Schal, den sie in einem Taxi vergisst und der nicht wieder auftaucht. Als sie anlässlich der nun regelmäßig tagenden Neuen

Mittwochsgesellschaft einen Tag in Berlin verbringt, macht ihr Richard von Weizsäcker ein Geschenk. Marion Dönhoff schreibt ihm am nächsten Tag.

2. Oktober 1997

Lieber Richard,

»... wird man nächtlich wach, selig lächelnd wie ein satter Säugling« – an diesen Morgenstern mußte ich denken, als ich heute aufwachte und als erstes an Deinen wunderbaren Schal dachte.

Ich kann gar nicht beschreiben, in einem wie engen Verhältnis ich 20 Jahre lang mit meinem verlorenen Schal gelebt habe: nachts in kalten Hotelzimmern, tags zu meiner Zierde – immer war er dabei.

Der Deine ist noch schöner, und vor allen Dingen stammt er von einem lieben Freund, während der andere mehr eine Zufallsgabe war.

In eigener Person bist Du mir ohnehin sehr nah, aber vertreten durch den Schal werde ich nun bis ans Ende meines Lebens Dir besonders verbunden sein.

Mit herzlichen Grüßen

Marion

AUF IHREN ZAHLREICHEN Reisen nach Osteuropa traf Marion Dönhoff immer wieder Intellektuelle, die ihr ihr Leid klagten, dass sie aufgrund ihres geringen Einkommens nicht in der Lage seien, für dringend erforderliche Recherchen zu wissenschaftlichen Arbeiten nach Deutschland zu reisen. Als ihr Buch *Kindheit in Ostpreußen* 1988 zu einem Bestseller wurde, gründete Marion Dönhoff aus den Einnahmen ihre Stiftung für Völkerverständigung und Versöhnung. Alles, was sie finanziell entbehren kann, fließt ihrer Stiftung zu, zum Beispiel Buchhonorare oder Preisgelder. Die Stiftung vergibt ein- und zweimonatige Stipendien an Menschen aus Osteuropa. Zum zehnjährigen Bestehen plant Marion Dönhoff, alle bisherigen Stipendiaten zusammenzubringen.

7. Dezember 1997

Liebe Stipendiatin, lieber Stipendiat,
im kommenden Jahr sind zehn Jahre vergangen, seit die Marion-Dönhoff-Stiftung gegründet wurde. In dieser Zeit sind etwa 90 Stipendien vergeben worden. Wir wollen dies zum Anlaß nehmen, die Stipendiaten zu einem Treffen einzuladen. Es soll Ihnen Gelegenheit geben, die anderen Stipendiaten kennenzulernen, über Ihre Arbeit zu berichten und Vorschläge zur Fortführung des Programms zu machen. Auch Sie sind herzlich eingeladen.
Ort des Treffens ist das Marion-Dönhoff-Lyzeum in Mikolajki/ Polen. Der Zeitpunkt ist auf die Abiturfeier am 23. und 24. Mai gelegt. Das genaue Programm geht Ihnen später zu.
Für Unterbringung und Verpflegung sorgt die Stiftung; die Reisekosten müßten Sie allerdings selber übernehmen. Nur bei besonders aufwendiger Anfahrt kann die Stiftung eventuell – nach vorheriger Rücksprache – einen Anteil zu den Reisekosten beisteuern.
Zweck dieses Schreibens ist es festzustellen, ob Sie unter diesen Umständen Interesse an einem solchen Treffen haben. Wenn dies der Fall ist, dann lassen Sie es mich bitte rechtzeitig vor Ende Januar wissen.
Mit besten Grüßen
Marion Dönhoff

DIE MEISTEN DER EHEMALIGEN Stipendiaten treffen im darauffolgenden Mai tatsächlich im masurischen Mikolajki ein. Sie kommen aus Russland, Georgien, Ungarn und Polen angereist und nehmen auch an der Abiturfeier teil. Sie berichten über ihre Erfahrungen, tauschen sich untereinander aus, die verbindende Sprache ist Deutsch. Das ländliche Fest endet mit einer gemeinsamen Bootsfahrt von Lehrern, Schülern und Gästen auf dem Spirdingsee. Doch zuvor hält Marion Dönhoff eine Rede an ihre Stipendiaten.

Liebe Freunde,

von Herzen heiße ich Sie alle willkommen und freue mich, Sie zum erstenmal von Angesicht zu Angesicht zu sehen. Bisher habe ich Sie nur in Ihren kurzen Lebensläufen kennengelernt und erfahren, welchen Zweck Sie mit Ihrem Deutschlandbesuch verfolgten.

Für Sie ist dieses Zusammentreffen heute sicherlich ein freudiges Ereignis, aber auch für mich ist es eine ganz große Freude. Es ist ein beglückendes Erlebnis zu sehen, wie da in wenigen Jahren ein kleines Netzwerk von Beziehungen entstanden ist, das von Kasachstan über Georgien bis Polen reicht.

Wenn ich bedenke, daß dies ausschließlich meinen vielen kleinen Bleistiften zu danken ist, die ich immer in meinen Jackentaschen bei mir trage, dann bin ich wirklich ein bißchen stolz. Ich habe etwas Grundsätzliches dabei gelernt, das ich Ihnen gern auf die Heimreise mitgeben möchte. Mir ist nämlich klargeworden, daß der Einzelne als Einzelner oft mehr tun kann als die Behörden mit all ihrer Macht. Ich denke, wenn nur 10 Prozent aller Bürger

Marion Dönhoff, 1997

als Einzelne agieren würden anstatt alles dem Staat zu überlassen, gäbe es sehr bald wesentlich weniger Not.

Und nun wünsche ich uns allen interessante und fröhliche Tage.

AN DER ABITURFEIER nahm auch Haug von Kuenheim teil. Marion Dönhoff ist dem aus Ostpreußen stammenden Journalisten nicht nur durch die gemeinsame Heimat verbunden, sondern auch, weil er seit 1961 ihr Kollege bei der *Zeit* ist. Er ist vorübergehend im Hauptstadtbüro der *Zeit* in Berlin tätig.

22. Juni 1998

Lieber Haug,

daß Sie von »unserem hohen Alter« sprechen, sich also mit mir identifizieren, finde ich unerhört!

Aber da ich Ihnen schreibe, noch zwei Punkte:

1. Sie haben mir einmal in einer Geburtstagsrede versprochen, Sie würden mich von nun an immer zum Flugplatz fahren, wenn es nötig wird. Abgesehen davon, daß Sie das nie getan haben, ist es nun auch theoretisch gar nicht mehr möglich. Darum fordere ich Ersatz. Ich verlange, daß Sie bei meinem nächsten Berlin-Besuch mit mir zu dem neuen Museum fahren und auch zu dem Berliner Bahnhof, wo ich noch nie gewesen bin. Ich melde mich jedenfalls rechtzeitig.

2. Vor ein paar Tagen fiel mir das Büchlein von rororo über Weizsäcker in die Hand, und ich erinnerte mich an Ihre wirklich rührend selbstlose Anfrage einer Dönhoff-Biographie.

Da ich gerade auf dem Schreibtisch ein paar Unterlagen der letzten Wochen liegen habe, nämlich die Schulbenennung und die Moskau-Reise, schicke ich Ihnen beides mit.

Herzlich grüßend

Marion

MARION DÖNHOFF, nunmehr bald neunzig Jahre alt, und George Kennan, inzwischen in seinem fünfundneunzigsten Lebensjahr, stehen seit 1955 ununterbrochen in regem geistigen Austausch. Gegenseitige Besuche an verschiedenen Orten auf der Welt werden sorgsam aufeinander abgestimmt. Kennan kam nicht nur regelmäßig nach Hamburg, sondern Marion Dönhoff reiste auch oft nach Norwegen, wo Kennan und seine Frau alljährlich die Ferien in dem abgeschiedenen Ort Kristiansand verbrachten. Solche Besuche klingen in Marion Dönhoffs Briefen nach.

28th July, 1998

Lieber George,

für mich ist fast unbegreiflich, wie man einen so langen, so präzisen und faszinierenden Brief unter so chaotischen Umständen schreiben kann. Größte Hochachtung!

Ja, wir stimmen offensichtlich in allen wichtigen Dingen überein, und natürlich hast Du ganz recht, daß die wichtigste Frage die ist, wie man einen Wandel herbeiführen kann. Sicherlich nicht mit Verordnungen oder gut gemeinten Anweisungen. Ich denke oft, daß nur das dialektische Gesetz helfen kann, das heißt, daß eines Tages die Leute diesen Zustand satt haben und sagen »enough is enough«, jetzt wollen wir das Gegenteil.

Manchmal denke ich, daß sich in den vielen Reaktionen, die ich auf meine Artikel bekomme, vor allem auf die, die den Mangel an ethischen Werten beklagen, von ganz ferne eine leichte Wende andeutet.

Neulich bekam ich einen Brief aus Schweden: In dem dicken Kuvert waren 18 einzelne Briefe, alle von Abiturienten geschrieben, die sich vorstellten als »Ich bin 17 Jahre alt, interessiere mich für dies und das ...«. Und der Schlußabsatz lautete bei allen: »Sie müssen kommen und mit uns über Ethik diskutieren.«

Es paßte mir zeitlich gar nicht, aber ich fand diesen Hilferuf so rührend, daß ich mich aufgemacht habe und dorthin gefahren bin. In der Schule angekommen, waren alle sehr befangen, und ein Gespräch war schwer in Gang zu setzen. Daraufhin habe ich beschlossen, etwas zu erzählen. Ich sagte: »Vorige Woche bekam ich den Brief eines mir unbekannten Schuldirektors aus Süddeutschland, der schrieb: Sie – Marion Dönhoff – sind der letzte Optimist, den ich kenne, Sie müssen etwas Optimistisches schreiben, das wir nach dem Abitur verteilen, denn unsere jungen Leute, die jetzt ins Leben gehen, sind so decouragiert und hoffnungslos, daß wir irgendetwas machen müssen.«

Diese Geschichte erzählte ich den Schweden und fragte: »Wie ist denn das bei euch?« Endlich meldete sich einer und sagte: »Gedanken mache ich mir schon, aber doch keine Sorgen. Ich weiß, daß ich es schaffen werde.« Und dann sagten alle 18: »Das schaffen wir.« Wenn ich bedenke, daß die Schweden 12 Prozent Arbeitslosigkeit haben und wirtschaftlich eher schwächer dastehen als wir mit unseren 10 Prozent Arbeitslosigkeit, dann kommt mir diese total verschiedene Reaktion sehr merkwürdig vor.

Am Abend mußte ich beim Goethe-Institut etwas reden und bat

den Chef, er möge mir diese Diskrepanz erklären. Der sagte: »Das ist leicht zu erklären. Wenn hier in Schweden der Export um 2 Prozent zunimmt oder die Produktivität um ½ Prozent, dann jubelt das ganze Land, einschließlich der Presse« – und bei uns? Wird nur gejammert. Ich fand sehr interessant, daß das Klima der Gesellschaft bis in die Schulklassen durchschlägt.

Du bist verwundert, daß ich bei der Diskussion um Ethik die Kirche nicht ausdrücklich erwähne. Ich sage immer bei öffentlichen Aussagen: »Eine Gesellschaft kann ohne einen ethischen Minimalkonsens und der einzelne Mensch nicht ohne metaphysische Bindungen leben.« Und den Jungen erkläre ich meist, daß von Konfuzius über Christus bis heute der Mensch ohne den Glauben an etwas Höheres nicht bestehen kann. Wenn man den Jungen von 10 Geboten spricht, dann hören sie weit weniger zu als bei Konfuzius. Ich persönlich denke, daß die Säkularisierung plus Kapitalismus zu den Zuständen geführt hat, in denen wir leben.

Hundertprozentig einverstanden bin ich auch mit Deinen drei Punkten, die sozusagen am Ganzen schuld sind. Das trifft nicht nur für Dein Land, sondern auch für das meinige zu.

Besonders wichtig und zutreffend finde ich, was Du über Werbung sagst, weil das die meisten Menschen noch nicht verstanden haben, dabei ist es gerade die Werbung, die allenthalben die Politik ihrem eigentlichen Zweck entfremdet.

George, ich freue mich sehr, daß wir nun doch – wenigstens auf diese Weise – das, was uns beide beschäftigt und bedrückt, haben austauschen können.

Sei sehr von Herzen gegrüßt und umarmt

Marion

DIE WAHL ZUM vierzehnten Deutschen Bundestag findet im September 1998 statt. Das Ergebnis ist ein Novum in der bundesrepublikanischen Geschichte: Erstmals wird eine Regierung – CDU/CSU/FDP unter der Kanzlerschaft von Helmut Kohl – komplett abgewählt. Gleichzeitig erhalten SPD und Grüne mehr als fünfzig Prozent der Stimmen. Marion Dönhoff, die sich zu dieser Zeit auf Ischia aufhält, schreibt einen offenen Brief, der unter der Überschrift »Brief aus dem Süden« in der *Zeit* abgedruckt wird:

Wenn man ausgerechnet den so entscheidenden Wahlsonntag auf einer Insel in Süditalien verbringt, dann wird die gesuchte und geschätzte Abgeschiedenheit plötzlich zur Last. Es fehlen die Diskussion und der Austausch von Argumenten.

Natürlich kennt man die konkurrierenden Meinungen: Für die große Koalition spricht, so sagen die einen, daß Entscheidungen, die längst fällig sind, getroffen und durchgesetzt werden. Die anderen argumentieren, die Voraussetzung darüber sei der sichtbare Wechsel. Eine echte Wende, die könne nur Rot-Grün bringen. Ich denke, die haben recht.

Warum? Wenn man einen Blinden und einen Lahmen zusammenspannt, erwächst daraus wenig Zugkraft. Wir brauchen aber einen Aufbruch. Es gibt genug ungenützte Energien unter den Bürgern. Sie warten nur darauf, daß ihnen jemand das Gefühl gibt: Jetzt geht's los, jetzt lohnt es sich.

Viele meinen, die Grünen werden unrealistische Ziele verfolgen, der SPD das Regieren schwer machen, die Entwicklung hemmen. Aber das dürfte eine übertriebene Sorge sein. Der Sachzwang, la nature des choses, wie de Gaulle das nannte, ist in diesem Moment stärker als die Ideologie.

Seit Jahren haben wir darauf warten müssen, daß nach einem der seltenen großen Umbrüche jemand das Steuer in die Hand nehmen und den Weg weisen würde – nichts dergleichen geschah. Wie ein reißender Strom rast die Geschichte an uns vorüber, wir – die Regierenden und das Volk – stehen ratlos am Ufer und fragen, wo der uns wohl hinträgt?

Liebe Freunde, seid nicht kleinmütig, seid voller Hoffnung. Chancen sind immer auch mit Risiko verbunden. Wer darum auf Stillstand und Bewahren setzt, über den geht die Geschichte gnadenlos hinweg – denn die Geschichte ist ein Prozeß. Das Motto »Verweile doch, du bist so schön« gilt für sie nicht.

Eine Koalition aus SPD und Grünen wird gebildet, Gerhard Schröder wird Kanzler.

IM OKTOBER DES JAHRES macht sich Marion Dönhoff, sieben Jahrzehnte nach ihrer ersten und zahlreichen weiteren Reisen noch einmal auf, Afrika zu besuchen. In Südafrika trifft sie verschiedene Politiker, Kulturschaffende und Freunde. Desgleichen im benachbarten Namibia, wo sie im Hochland, nahe Windhoek, Helmut Bleks besucht. Der deutsche Manager, in Ostpreußen aufgewachsen, hat in den siebziger Jahren mit großem Engagement ein Schulprojekt für schwarze Kinder ins Leben gerufen. Marion Dönhoff ist seither mit ihm befreundet und unterstützt seine Arbeit.

Zurück in Hamburg, hört sie davon, dass ein Gymnasium in

Münster eine Schulpartnerschaft mit Bleks' Schule beabsichtigt. Als der Plan Realität zu werden scheint, schreibt sie einen Brief.

9. Juni 1999

Sehr geehrter Herr Höfermann,
ich finde es großartig, daß die Schüler des Schillergymnasiums in Münster die Absicht haben, sich tatkräftig für ihre Partnerschule Baumgartsbrunn in Namibia einzusetzen – nichts macht mehr Spaß als dort zu helfen, wo der Erfolg gesichert ist.

Und dies weiß ich aus eigener Erfahrung: Baumgartsbrunn ist ein Platz, an dem die Fortschritte Jahr für Jahr abzulesen sind wie das Alter eines Baums an seinen Ringen. Der einzige Grund: Der Chef, Helmut Bleks, war und ist besessen von der Idee, eine Schule für die Schwarzen aufzubauen, da die weit und breit keine Erziehungsstätte haben. Ich war ganz am Anfang dort, vor ungefähr 30 Jahren, habe noch ein Photo gemacht: da steht ein schwarzer Lehrer unter einer Schirmakazie, und um ihn herum zwei Dutzend kleine Kerle mit blanken Augen, die gebannt lauschen.

Heute steht dort ein Gymnasium mit 26 Lehrern, dessen Klassen bis zum Abitur reichen, und auf der flachen Steppe ist ein Ort mit mehr als 60 Gebäuden entstanden – alles dank des Engagements eines Mannes.

Mit allen guten Wünschen und besten Grüßen
Marion Dönhoff

ZU DER TATSACHE, dass sie 1999, in ihrem neunzigsten Lebensjahr, mit Preisen überhäuft wird, meint Marion Dönhoff: »Die sagen sich, die macht nicht mehr lange, man muss jetzt handeln!« Sie erhält den Hermann-Sinsheimer-Preis, den Europa-Preis, den Dehio-Preis, den Schiller-Preis und den Bruno-Kreisky-Preis. Zudem wird ihr die Ehrendoktorwürde der Universitäten Birmingham und Kaliningrad verliehen. Letzteres freut sie besonders. Ebenso freut sie sich, die Ehrenbürgerschaft der Stadt Hamburg zu erhalten.

MARION DÖNHOFF sammelt Zitate, die sie für ihre Bücher oder Artikel nützlich findet oder weil sie besonders schön sind. Einen Satz von Immanuel Kant hat sie handschriftlich auf einen Zettel geschrieben, den sie bei sich trägt: »Zwei Dinge erfüllen das Gemüt mit immer neuer und zunehmender Bewunderung und Ehrfurcht, je öfter und anhaltender sich das Nachdenken damit beschäftigt: der gestirnte Himmel über mir und das moralische Gesetz in mir.«

Im Februar 2000 erhält Marion Dönhoff den Brief eines Astronomen aus Jena. Der Wissenschaftler benennt von ihm entdeckte Himmelskörper nach Persönlichkeiten, die dem Widerstand gegen Hitler nahestanden.

7. Februar 2000

Sehr geehrter, lieber Herr Börngen,

Sie nennen das eine »kleine Überraschung« – ich bin vollkommen überwältigt. Nie hätte ich mir vorgestellt, daß ich einer solchen Ehrung teilhaftig werden könnte.

Die Ehrenbürgerin der Hansestadt Hamburg, 1999

Es erscheint mir wirklich ganz unglaublich, daß Sie bei der Namensgebung an mich gedacht haben, und wie schön, nun in der Gesellschaft der alten Freunde am Himmel zu schweben.

Als Kind habe ich gebetet: »Lieber Gott, mach mich fromm, daß ich in den Himmel komm« – jetzt kann ich einfach sagen: »Ich bin schon da.«

Ihnen und Ihrer Frau alle guten Wünsche und sehr von Herzen kommende Grüße

Marion Dönhoff

PS Mit gleicher Post geht mein Buch »Um der Ehre willen«, das ich den Freunden gewidmet habe, an Sie ab.

Lieber Herr Dr. Boerngen,

mit großem Staunen und heller Begeisterung studiere ich den besternten Himmel.

Phantastisch, sich vorzustellen, daß dieser winzige Punkt 230 Millionen Kilometer von meinem Schreibtisch entfernt ist.

Dabei taucht eine Frage auf: Verändert sich so ein Stern eigentlich, wird er mit der Zeit kleiner oder größer? Verliert er an Leuchtkraft oder bleibt er immer konstant?

Herzlich grüßend

Marion Dönhoff

PS Für Sie ein Artikel über Preußen, der Sie vielleicht interessieren wird.

ZU RUNDEN GEBURTSTAGEN bekommt Marion Dönhoff Hunderte von Glückwünschen. Die meisten beantwortet sie persönlich, wofür ihr neben ihrer Tätigkeit als Herausgeberin nicht viel Zeit bleibt. Manche Antworten schreibt sie noch Monate später.

5. April 2000

Lieber Walter Jens,
ja, »lesend mit dem Stift in der Hand« – dies ist von 500 Wünschen zu meinem 90. Geburtstag der einzig vernünftige. Tausend Dank dafür und auch für den Fontane, den ich mit großer Freude lesen werde.
Mit herzlichen Grüßen für Sie und Ihre Frau
Marion Dönhoff

AUF DEM RÜCKWEG von einer Englandreise kauft Marion Dönhoff auf dem Flughafen Heathrow das englische Magazin *The Economist*. Sie ist empört über das Titelbild, das Kanzler Schröder in einer herabwürdigenden Fotomontage halb nackt als Ringkämpfer zeigt. Sie schreibt einen Beschwerdebrief an den Herausgeber.

Re: ECONOMIST dated 8th July 2000: »Has Schröder got what it takes?«

Letter to the Editor

Dear Sir,

the other day I sat together with English friends. One of them said: »It is a pity. The Germans have many great things going for them but they have so little tact and no feeling at all for diplomatic behaviour.«

The next day on my way back to Germany I bought the ECONOMIST at one of the Heathrow newsstands. It was the edition of July 8 with Germany's Chancellor Schröder on the title depicted half-naked as a muscular fighter; inside more pictures making fun of Schröder in a more benevolent way: one with a cake on his outstretched palm, another showing him smiling sheepily, tugging his tie.

I could not help thinking that if an important paper in Germany had portrayed the British Prime Minister – no matter if it was Tony Blair or John Major – in such a demeaning way, a wave of anger and indignation would have swept across Britain.

My question is: who actually happens to be tactless and without diplomatic sensitivity – the British or us?

Yours sincerely,

Marion Dönhoff

IM HERBST DES JAHRES wird bei Marion Dönhoff Krebs diagnostiziert. Sie muss sich einer Operation unterziehen.

20. Oktober 2000

Sehr verehrter Herr Bundespräsident, lieber Herr Rau,
was für eine Überraschung und welche Freude, plötzlich Ihre Stimme an meinem Krankenbett zu vernehmen. Ich bin übrigens seit 2 Tagen, etwas reduziert, wieder zu Hause.
Sehr habe ich mich gefreut zu hören, daß Sie wieder ganz hergestellt sind. Damit dies so bleibt, habe ich beschlossen, Ihnen einen Talisman zu senden.
Seine Geschichte: Vor etwa 40 Jahren bereiste ich für meine Zeitung die arabischen Staaten; im Irak traf ich ein paar Leute, die aus irgendeinem Acker Münzen aus der Zeit der Kreuzzüge ausgebuddelt hatten. Die schönste war diese, die ich sogleich erworben habe. Sie hat mich lange Jahre begleitet und für mich gesorgt – das soll sie nun für Sie tun.
Herzlich grüßend
Marion Dönhoff

HENRY KISSINGER, der gerade in Paris war, nutzte die Gelegenheit zu einem kurzen Besuch in Blankenese.

Lieber Henry,

war so schön, daß wir wieder einmal zusammen sein konnten.

Und noch etwas: Heute ist Sonntag. Ich habe an diesem kalten Morgen gleich die wunderschöne Strickjacke angezogen und dazu den wirklich einzigartigen Kaschmir-Schal angelegt. Schade, daß kein Photograph da war, um dieses Ensemble festzuhalten.

Großen Dank Dir und alles Liebe auch Nancy. Hoffentlich auf bald wieder.

Herzlich grüßend

Deine Marion

PS Du fragtest nach meiner Rede über den Zufall. Ich füge eine Kopie bei.

ZU MARION DÖNHOFFS FREUDE wurde der 1997 erschienene Bestseller *Zivilisiert den Kapitalismus* in mehrere Sprachen übersetzt, unter anderem ins Chinesische. Im Jahr 2001 erscheint auch eine russische Übersetzung.

Herrn
Michail S. Gorbatschow
Moskau

16. Juli 2001

Lieber Freund,

gestern bekam ich die Übersetzung Ihres Vorworts zu meinem Buch. Ich bin sprachlos. Mir fehlen wirklich die Worte, um meinen Dank zum Ausdruck zu bringen. Daß Sie bei all Ihrer Arbeit, Ihren Sorgen und Verantwortungen sich die Zeit genommen haben, eine eingehende Buchbesprechung zu machen, rührt mich tief.

Ich habe nur errötend den Text lesen können, denn natürlich haben Sie mich sehr »überbewertet«. Am meisten gefreut hat mich Ihre Feststellung: »Jedes Treffen mit ihr bereitet mir Freude – mit ihr kann man sowohl über Politik als auch über das Leben offen reden.« Dieser Satz freut mich deswegen so besonders, weil ich genau dieses Empfinden Ihnen gegenüber immer hatte, aber nie ganz genau wußte, ob es auf der anderen Seite ähnliche Empfindungen gibt.

Nun ich das weiß, bitte ich darum, daß Sie mich jedesmal, wenn Sie nach Deutschland oder in die Nähe kommen, es mich wissen lassen. Ich werde keine Reise scheuen, sondern mich freuen, Sie dann, wo auch immer, wiederzusehen.

Mit herzlichem Dank und allen guten Wünschen

Marion Dönhoff

Zu Hause mit Dackel Felix vor dem Gobelin aus Friedrichstein, Juni 2001

SELBST NACH SECHSUNDFÜNFZIG Jahren gibt es immer noch Menschen aus ihrer alten Heimat, die Marion Dönhoff schreiben oder sie sogar in ihrem Hamburger Büro besuchen. Einer von ihnen ist Dr. Siegfried Anker aus Friedrichstein.

16. Oktober 2001

Lieber Siegfried Anker,

einen so herrlichen Wald von Gladiolen haben Sie mir geschickt – ich fand gar keine Vase, die groß genug war! Es schmücken nun drei große Gladiolensträuße mein Arbeitszimmer. Tausend Dank für diese große Überraschung.

Bei dem Wort Siegfried Anker denke ich immer an Ihren letzten Besuch in Friedrichstein, von dem Sie mir einst erzählten: Sie sagten ganz beiläufig beim Abschied, schon in der Tür stehend: »Übrigens, die beiden kleinen Birken, die sich auf dem Dach angesamt haben, sind leben geblieben, obgleich der Dachstuhl bis unten durchgebrannt war.«

Für mich war das eine beglückende und zugleich bestürzende Nachricht, denn ich hatte mir immer gesagt: »Wenn die Birken (ohne die auch mein Vater das Haus nie gesehen hatte) überleben, dann kommst du noch einmal zurück.«

Das ist nun nicht der Fall, aber wir beide haben uns in den neuen Leben sehr vernünftig eingerichtet.

Ihnen, lieber Dr. Anker, wünsche ich von Herzen alles Gute und mir ein gelegentliches Wiedersehen mit Ihnen.

Herzlich grüßend

Marion Dönhoff

NACH DER KREBSOPERATION hat Marion Dönhoff weiter Schmerzen. Sie kann nicht mehr mit der rechten Hand schreiben, übt mit der linken, was ihr aber nicht gelingt. Sie kann nur noch diktieren. All das drückt ihr aufs Gemüt. Sie spricht nur wenig darüber und nur zu Vertrauten. Eine davon ist Christa Armstrong, geborene Tippelskirch. Die beiden Frauen lernten sich 1937 in Ostpreußen kennen, als Christa einen Sommer in Friedrichstein verbrachte. In den Nachkriegsjahren arbeitete sie vorübergehend bei der *Zeit*. 1948 ging sie in die USA, wo sie heute noch lebt. Beide besuchten sich regelmäßig, entweder in den USA oder in Deutschland.

31. Oktober 2001

Liebe Christa,

einen so netten Brief hast Du geschrieben, tausend Dank. Ich habe mich wirklich sehr darüber gefreut.

Mir geht es dummerweise verhältnismäßig schlecht. Ich habe eine Nervenentzündung ausgerechnet in der rechten Hand, so daß ich überhaupt nicht schreiben kann, nicht einmal meinen Namen. Man hat da irgendwas am Lymphsystem operiert und es dabei vermutlich zerstört.

Seit zwei Monaten laboriere ich mit diesem Leiden, bin unglücklich, schlecht gelaunt, pessimistisch und in jeder Beziehung unbrauchbar. Wenn sich das ändern sollte, melde ich mich und schreibe einen vernünftigen Brief.

Herzlich grüßend

Marion

WEGEN DER SCHWIERIGEN gesundheitlichen Situation verordnet der Arzt Marion Dönhoff Schonung. Sie willigt ein, mehrere geplante Reisen abzusagen, allerdings möchte sie noch einmal nach Ischia fahren, was sie, wie üblich begleitet von Familienmitgliedern, auch tut. In Hamburg verbringt sie weiterhin jeden Tag mehrere Stunden bei der *Zeit*. Sie fährt jedoch nicht mehr mit dem eigenen Auto ins Büro, sondern nimmt den Bus von Blankenese in die Innenstadt. Als Ehrenbürgerin der Hansestadt Hamburg besitzt sie eine Abo-Karte für die öffentlichen Verkehrsmittel. Manchmal benutzt sie auch ein Taxi, oder jemand aus der Familie chauffiert sie. Sie nimmt an Konferenzen teil, erledigt die Post. Hin und wieder ruht sie nun jedoch eine Weile auf dem hellbraunen Cordsofa in der Besucherecke ihres Büros.

Als Nina Grunenberg in den Ruhestand geht, die seit 1969 Mitglied der *Zeit*-Redaktion ist, unter anderem als stellvertretende Chefredakteurin, hält Marion Dönhoff im Kreise der Kollegen eine Abschiedsrede:

Dies ist ein sehr bewegender Tag, weil er Ninas Abschied von der ZEIT bedeutet. Nicht ein totaler Abschied, aber eben doch das Ende einer jahrzehntelangen, engen Zusammenarbeit. Bewegend für mich, weil Nina das Sinnbild für die frühe Epoche der ZEIT ist, in der es für uns nur die eine, von allen bejahte Aufgabe gab, das Land moralisch wieder aufzubauen und den verwirrten Lesern die Möglichkeit zu bieten, sich ein sachliches Urteil zu bilden. Wir, das waren damals nicht mehr als ein Dutzend Redakteure in Hamburg, die sich nicht in Sälen versammelten, sondern die alle um einen Tisch saßen. Und sachlich, weil, nachdem die Verbrecher nun endlich weg waren, nicht eine neue Doktrin gelehrt werden sollte, sondern wir wollten das Pro und Contra der Lösung eines Problems darstellen.

Das war, wie gesagt, eine Aufgabe, die uns ganz erfüllte. Geld interessierte uns damals nicht so sehr, obgleich wir es alle nötig brauchten. Als einmal Bucerius mit seiner ZEIT mehr oder weniger pleite war, haben wir alle freiwillig auf einen Bruchteil unseres Gehalts verzichtet, um die ZEIT am Leben zu erhalten, und niemand hat darüber geklagt, alle fanden das selbstverständlich.

Nina war ein besonderes Beispiel. Ich erinnere mich an einen Artikel in der TAZ, der überschrieben war: »Eine Journalistin mit diskreter Neugier« – und das war es eigentlich, was Ninas Berichte – ob über Probleme oder Menschen – auszeichnete. Nie stand sie selbst im Mittelpunkt, so wie viele Journalisten, die sich befriedigt lächelnd zurücklehnen und denken: »Wie schön habe ich das gesagt.« Ihr ging es darum, die Menschen darzustellen, nicht mit Häme oder Sarkasmus, sondern quasi arglos und immer mit einer gewissen Liebe. [...]

Ich bin überzeugt, daß Nina, die so viele Einsichten und Erkenntnisse gehabt und Entdeckungen gemacht hat, einer Leserschaft in diesem Lande auch weiter über manches Aufschluß geben wird – uns aber wird sie sehr fehlen.

MARION DÖNHOFFS Gesundheitszustand bessert sich nicht. Das hält sie jedoch nicht davon ab, weiterhin die von ihr ergriffenen Initiativen in Gang zu halten und zu begleiten. Die von ihr ins Leben gerufene Neue Mittwochsgesellschaft beispielsweise trifft sich seit 1995 regelmäßig unter ihrem Vorsitz. Für die Sitzung am 23. Januar 2002 wird der Theaterregisseur Peter Stein gewonnen. Das Thema seines Referats lautet: »Das wiedergefundene Theater – wo kommt es her, wo geht es hin?«

10. Januar 2002

Lieber Peter Stein,

ich bin ganz entsetzt, Ihrem Schreiben zu entnehmen, daß Sie keine offizielle Einladung bekommen haben. Ich hatte, weil ich selber krank bin, Weizsäcker gebeten, dies zu übernehmen, der aber anscheinend auf Urlaub war und das Schreiben nicht bekommen hat.

Also, ich darf nochmals sagen: Wir sind alle sehr, sehr froh, daß Sie kommen und versprechen uns sehr viel von dieser Diskussion. Ich finde das Thema, so, wie Sie es formuliert haben, ausgezeichnet. Die Unterhaltung trägt einen ohnehin in viele Nebenseiten. Ich darf auch noch bestätigen, daß Reisekosten und Aufenthalt natürlich von der Mittwochsgesellschaft übernommen werden.

Was den Termin anbetrifft: 23. Januar, 14.00 Uhr, Berlin, im Büro von Richard von Weizsäcker.

In großer Vorfreude und mit allen guten Wünschen
Marion Dönhoff

MARION DÖNHOFF KANN an dem geplanten Treffen der Mittwochsgesellschaft nicht mehr teilnehmen. Nach einem Sturz in ihrem Haus muss sie ins Krankenhaus. Anschließend lässt sie sich nach Schloss Crottorf bringen. In den frühen Morgenstunden des 11. März 2002 stirbt sie im Kreise ihrer Familie im Alter von zweiundneunzig Jahren. Sie wird auf dem Gemeindefriedhof in Friesenhagen-Crottorf beigesetzt.

ZEITTAFEL

1909 Marion Dönhoff wird am 2. 12. in Friedrichstein/Ostpreußen geboren.

1920 Tod des Vaters.

1924 Sturz mit Auto in den Fluss Pregel/Königsberg, Marion Dönhoff überlebt knapp.

1929 Abitur in Potsdam.
Besuch einer Haushaltsschule in Samedan, Schweiz; anschließend Rundreise durch die USA.

1930 Dreimonatiger Aufenthalt bei ihrem Bruder Christoph in Ostafrika.

1931 Studium der Volkswirtschaft in Frankfurt am Main.

1933 Fortsetzung des Studiums in Basel bei dem Ökonomen Edgar Salin.

1935 Promotion zum Dr. rer. pol.

1936 Gemeinsam mit ihrem zehn Jahre älteren Bruder Heinrich verwaltet sie die Dönhoff'schen Familiengüter Friedrichstein und Quittainen.

1937 Erste von mehreren Reisen mit ihrer Schwester Yvonne im Cabrio quer durch Europa.

1939 Ausbruch des Zweiten Weltkriegs, Bruder Heinrich wird eingezogen, Marion Dönhoff verwaltet den Familienbesitz allein.

1942 Bruder Heinrich verunglückt bei einem Flugzeugabsturz tödlich.

1944 Am 20. Juli gescheitertes Attentat auf Adolf Hitler. Mehrere Freunde Marion Dönhoffs, die an dem Attentat beteiligt waren, werden hingerichtet.

1945 Im Januar Flucht zu Pferde aus Ostpreußen. Ankunft in Westfalen sieben Wochen später, im März.

Marion Dönhoff im Garten ihres Hauses in Hamburg-Blankenese

1946 Eintritt in die Redaktion der neugegründeten Wochenzeitung *Die Zeit*, Marion Dönhoff lebt jetzt in Hamburg.

1950 Verantwortlich für das politische Ressort der *Zeit*.

1954 verlässt vorübergehend die *Zeit* aus Protest gegen die politische Linie des Blattes. Aufenthalt beim *Observer* in London

1955 Rückkehr zur *Zeit*, erneut verantwortlich für das politische Ressort.

1962 Erscheinen des Erinnerungsbuches *Namen, die keiner mehr nennt*.

1968 Chefredakteurin der *Zeit*.

1970 Einladung von Willy Brandt, ihn anlässlich der Unterzeichnung des Deutsch-Polnischen Vertrags nach Warschau zu begleiten; schließlich nimmt sie die Einladung nicht an.

1971 Marion Dönhoff erhält den Friedenspreis des Deutschen Buchhandels.

1973 Herausgeberin der *Zeit*.

1976 Buchveröffentlichung: *Menschen die wissen, worum es geht*.

1979 Marion Dönhoff soll auf Wunsch von Willy Brandt für das Amt des Bundespräsidenten kandidieren. Sie lehnt ab.

1982 Gründung des Vereins für Entlassene Strafgefangene »Marhoff e. V.«.

1988 Buchveröffentlichung: *Kindheit in Ostpreußen*. Gründung der Marion Dönhoff Stiftung für Völkerverständigung und Versöhnung.

1989 Erste Rückkehr in die ostpreußische Heimat Friedrichstein.

1992 Das Buch *Ein Manifest – weil das Land sich ändern muß* trifft auf große Zustimmung in Deutschland.

Enthüllung des Kant-Denkmals in Kaliningrad, das Marion Dönhoff gestiftet hat.

1994 Buchveröffentlichung: *Um der Ehre willen. Erinnerungen an die Freunde vom 20. Juli.*

1995 In Polen wird eine Schule nach Marion Dönhoff benannt. Sieben weitere Schulen in Deutschland werden folgen.

Initiierung der »Neuen Mittwochsgesellschaft«.

1997 Buchveröffentlichung: *Zivilisiert den Kapitalismus.*

1999 Marion Dönhoff wird Ehrenbürgerin der Hansestadt Hamburg und Ehrendoktorin der Universität Kaliningrad.

2000 Buchveröffentlichung: *Macht und Moral – Was wird aus der Gesellschaft?*

2002 11. März: Marion Dönhoff stirbt auf Schloss Crottorf im Siegerland.

BILDNACHWEIS